思想的・睿智的・獨見的

經典名著文庫

學術評議

丘為君　吳惠林　宋鎮照　林玉体　邱燮友
洪漢鼎　孫效智　秦夢群　高明士　高宣揚
張光宇　張炳陽　陳秀蓉　陳思賢　陳清秀
陳鼓應　曾永義　黃光國　黃光雄　黃昆輝
黃政傑　楊維哲　葉海煙　葉國良　廖達琪
劉滄龍　黎建球　盧美貴　薛化元　謝宗林
簡成熙　顏厥安（以姓氏筆畫排序）

策劃　楊榮川

五南圖書出版公司 印行

經典名著文庫

學術評議者簡介（依姓氏筆畫排序）

經典名著文庫147

官僚制

Bureaucracy

路德維希・馮・米塞斯著
(Ludwig von Mises)
謝宗林 譯

經典永恆・名著常在

五十週年的獻禮・「經典名著文庫」出版緣起

總策劃 楊榮川

五南，五十年了。半個世紀，人生旅程的一大半，我們走過來了。不敢說有多大成就，至少沒有凋零。

五南忝爲學術出版的一員，在大專教材、學術專著、知識讀本出版已逾壹萬參仟種之後，面對著當今圖書界媚俗的追逐、淺碟化的內容以及碎片化的資訊圖景當中，我們思索著：邁向百年的未來歷程裡，我們能爲知識界、文化學術界做些什麼？在速食文化的生態下，有什麼值得讓人雋永品味的？

歷代經典・當今名著，經過時間的洗禮，千錘百鍊，流傳至今，光芒耀人；不僅使我們能領悟前人的智慧，同時也增深加廣我們思考的深度與視野。十九世紀唯意志論開創者叔本華，在其〈論閱讀和書籍〉文中指出：「對任何時代所謂的暢銷書要持謹愼的態度。」他覺得讀書應該精挑細選，把時間用來閱讀那些「古今中外的偉大人物的著作」，閱讀那些「站在人類之巔的著作及享受不朽聲譽的人們的作品」。閱讀就要「讀原著」，是他的體悟。他甚至認爲，閱讀經典原著，勝過於親炙教誨。他說：

「一個人的著作是這個人的思想菁華。所以，儘管一個人具有偉大的思想能力，但閱讀這個人的著作總會比與這個人的交往獲得更多的內容。就最重要的方面而言，閱讀這些著作的確可以取代，甚至遠遠超過與這個人的近身交往。」

爲什麼?原因正在於這些著作正是他思想的完整呈現，是他所有的思考、研究和學習的結果；而與這個人的交往卻是片斷的、支離的、隨機的。何況，想與之交談，如今時空，只能徒呼負負，空留神往而已。

三十歲就當芝加哥大學校長、四十六歲榮任名譽校長的赫欽斯（Robert M. Hutchins, 1899-1977），是力倡人文教育的大師。「教育要教眞理」，是其名言，強調「經典就是人文教育最佳的方式」。他認爲：

「西方學術思想傳遞下來的永恆學識，即那些不因時代變遷而有所減損其價值的古代經典及現代名著，乃是眞正的文化菁華所在。」

這些經典在一定程度上代表西方文明發展的軌跡，故而他爲大學擬訂了從柏拉圖的《理想國》，以至愛因斯坦的《相對論》，構成著名的「大學百本經典名著課程」。成爲大學通識教育課程的典範。

歷代經典．當今名著，超越了時空，價值永恆。五南跟業界一樣，過去已偶有引進，但都未系統化的完整舖陳。我們決心投入巨資，有計畫的系統梳選，成立「經典名著文庫」，希望收入古今中外思想性的、充滿睿智與獨見的經典、名著，包括：

- 歷經千百年的時間洗禮，依然耀明的著作。遠溯二千三百年前，亞里斯多德的《尼各馬科倫理學》、柏拉圖的《理想國》，還有奧古斯丁的《懺悔錄》。
- 聲震寰宇、澤流遐裔的著作。西方哲學不用說，東方哲學中，我國的孔孟、老莊哲學，古印度毗耶娑（Vyāsa）的《薄伽梵歌》、日本鈴木大拙的《禪與心理分析》，都不缺漏。
- 成就一家之言，獨領風騷之名著。諸如伽森狄（Pierre Gassendi）與笛卡兒論戰的《對笛卡兒沉思錄的詰難》、達爾文（Darwin）的《物種起源》、米塞斯（Mises）的《人的行爲》，以至當今印度獲得諾貝爾經濟學獎阿馬蒂亞．

森（Amartya Sen）的《貧困與饑荒》，及法國當代的哲學家及漢學家余蓮（François Jullien）的《功效論》。

梳選的書目已超過七百種，初期計劃首爲三百種。先從思想性的經典開始，漸次及於專業性的論著。「江山代有才人出，各領風騷數百年」，這是一項理想性的、永續性的巨大出版工程。不在意讀者的眾寡，只考慮它的學術價值，力求完整展現先哲思想的軌跡。雖然不符合商業經營模式的考量，但只要能爲知識界開啓一片智慧之窗，營造一座百花綻放的世界文明公園，任君遨遊、取菁吸蜜、嘉惠學子，於願足矣！

最後，要感謝學界的支持與熱心參與。擔任「學術評議」的專家，義務的提供建言；各書「導讀」的撰寫者，不計代價地導引讀者進入堂奧；而著譯者日以繼夜，伏案疾書，更是辛苦，感謝你們。也期待熱心文化傳承的智者參與耕耘，共同經營這座「世界文明公園」。如能得到廣大讀者的共鳴與滋潤，那麼經典永恆，名著常在。就不是夢想了！

二〇一七年八月一日　於

五南圖書出版公司

導讀——資本主義vs.社會主義

中華經濟研究院特約研究員

二〇二一年四月二日九時二十八分，台鐵四百零八次太魯閣號行經花蓮大清水隧道，發生出軌事故，八節車廂承載四百九十二人中，釀四十九人死亡、二百一十六人輕重傷的慘劇。事發之後各界展開熱烈檢討，對於台鐵的病入膏肓和組織的怠惰更是眾口一致，而「台鐵民營化」也被提出。

我們知道，台鐵是公營事業，是官僚組織，而官僚文化一向受到詬病，更是被負面看待。不過，公營事業民營化或公司化之後，就能改善弊病嗎？事故的發生就可減少、甚至消失嗎？這有必要對「官僚制」清楚了解，而閱讀奧國（奧地利）學派巨擘米塞斯（Ludwig von Mises, 1881-1973）在一九四四年出版的《官僚制》（*Bureaucracy*）這本小書，就是一條捷徑。

米塞斯是為了釐清社會主義和資本主義之間的爭論所涉及的種種問題，而寫作本書，他認為由剖析種種官僚機構的擴張入手，是最方便的探討途徑。本書開宗明義就探究一九四〇年代的美國官僚主義，而當時美國的官僚主義弊病還僅限於表面層次，當時只顯現官僚管理制的少數幾個病徵，所以米塞斯就參酌法、德、俄等經典官僚主義國家的經驗來對照美國當時的情況，終而看清社會主義和資本主義之間的爭論所涉及的種種問題。

人人嫌惡的「官僚制」

眾所周知，「官僚」、「官僚的」和「官僚制」這些名詞一直以來都是罵人的字眼，即使像普魯士那樣完全體現獨裁政府的國家，誰也不願被稱為官僚，遑論在民主國家！他們否認是「一介官僚」，而是「一名文官」，是國家的一名公務員，而且夜以繼日、堅定不懈地照料國人的福祉。米塞斯說，就連官僚制的批評者所認定的「那些該為官僚制的擴散負責的進步分子」，不但不敢為官僚制辯護，而且也加入「譴責官僚制」的行列。他們還說：「官僚制毋寧是資本主義體系，礙於它自己無法改變，終歸消失的趨勢，而將就作出的一種不如人意的日常運作安排。」他們更說：「社會主義不可避免的最後勝利，不僅將廢止資本主義，同時也將掃除官僚主義。」又說：

「在實施全面計畫的幸福天堂裡，將不再有任何官僚，平民百姓將擁有至高無上的地位，人民將自己看管人民的一切事務。」他們指責，「只有心胸狹隘、見識不明的資產階級，才會誤以爲現在的官僚制預示未來社會主義下人類的命運。」

所以，至少一百餘年來，似乎全人類就都同意「官僚制」是邪惡的制度，但可怪的是，誰也未曾嘗試毫不含糊地確定官僚制眞正的意思。米塞斯乃質疑，「既然大家都不知道官僚制的確切意思，又怎麼能夠去譴責官僚制和官僚呢？」

就美國來說，傳統的政府體系是以立法、行政和司法三權分立，以及聯邦和州政府的管轄權限有一合理劃分爲基礎。所有立法者、最爲重要的一些行政人員和許多法官，由人民選出，所以人民擁有主權，政府無權干涉公民的私人事務，遵守法律的公民是自由人。但自一九三〇年代出現「新政」以來，到一九四四年幾乎就要把這個民主體系廢除，而由某一群不負責任且肆意妄爲的官僚掌控的暴虐統治體系全面取代，其本質是反自由主義的、不民主的、反美的，不僅背棄美國憲法的內在精神，也違背美國憲法的表面文字，是史達林和希特勒所實施的極權主義統治方法的複製品。它對自由企業制和私人財產權滿懷狂熱的敵意。它癱瘓實業經營、降低勞動生產力。它不計成果地花錢，從而浪費國家財富。它做事沒效率，甚至純粹糟蹋資源。雖然它將其所作所爲打扮爲某某計畫的樣貌，其實它並沒有明確的計畫與目標，它欠缺統一性和一致性，各個官僚局處與機構自行其是，相互掣肘。結果導致整個社會生產與配銷體系的崩解，貧窮與困苦勢必隨之而來。

米塞斯告訴我們，這種對官僚制的控訴、對美國政府體制演變趨勢的描述是屬實，但沒抓住問題的核心，因其誤以爲官僚制和官僚該爲這種演變負責，其實「官僚制」不過是這種演變的一個後果和症狀。

羅斯福的新政的特色是朝向政府控制取代自由企業，強大的政黨和利益團體強烈要求公共部門控制一切經濟活動、政府計畫一切，以及企業國有化。要求政府完全控制教育，要求將醫療行業社會主義化。不過，「新政」向來獲得美國選民的支持，若選民不再支持，新政就會完全中止。即使到二十一世紀的現時，美國仍然是一個民主國家，憲法仍保持完整，選舉依然是自由的，選民也並非在威脅下投票。因此，正如米塞斯所言，說官僚制以違憲和不民主的方法取得勝利，是不正確的。事實是，國會自願放棄它的權利，在許多場合將立法功能委託官僚機構和委員會代行，並且指撥大量其執行細節可由行政部門定奪的預算經費，從而放鬆了國會對預算支用的監控。必須注意的是，國會這樣委託某些權力，是多數民意同意的。

自由民主社會也有官僚制

米塞斯提醒，「權力委託」是現代獨裁政權形成的主要技術性工具。希特勒和其內閣就是憑藉委託的權力在統治德國，而英國左派政黨也希望藉由得到權力委託，建立其獨裁政權，同時將英國改造成社會主義國家。很明顯的，「權力委託」能把獨裁政權僞裝成看似合憲。米塞斯觀察到，一九四四年的美國還未到如此地步，當時的國會擁有合法的權利和實際的統馭力，能夠隨時取回它所委託出去的一切權力，美國選民仍有權利和權力選任根本反對國會放棄任何權力的參議員和眾議員，所以當時的美國官僚制是建立在合憲的基礎上。不過，二〇二〇年美國總統大選備受爭議的舞弊，以及左派民主黨參眾議會的種種試圖毀憲的作爲，似將美國推入社會主義，所謂的「進步分子」推行的「進步的」政策，新的官僚職位和政府機構勢必像雨後春筍般大量湧現，官僚人數將大幅增加，而且逐步限制公民的個人自由。

美國是聯邦制，但管轄權愈來愈集中於中央政府，以致州政府的重要性不斷下降，米塞斯認爲「並未違憲」，因爲華府未曾公然篡奪州政府的任何憲法權限，而是有關部門新取得的權力大多歸屬聯邦而非州政府。事實是，美國經濟是一體的，它的貨幣和信用體系是一體的，商品、資本和人員在各州之間可以自由流動，所以政府對商務活動的控制權必須集中，不可交給各州。由於誰也不會建議把美國經濟的整體性打散，所以將商務活動的控制權委託給聯邦政府實屬必然。對於商務活動進行控制的政府體系，本質上必然講求最大程度的權力集中，只有在「自由企業」體系下，各州的自治權限才可能落實。所以，在投票支持政府控制商務活動下，美國選民也暗中，儘管是無意，投票支持更多的中央集權。

政府管制力增強干預事務擴大是關鍵

舉例而言，一旦價格管制成爲政府的任務，無數的價格上限就必須有人規定，且隨情況變化，許多規定必須一改再改。美國規定價格上限的權力屬於「價格管理局」，若該局的官僚需上呈國會立法核准，他們的影響力也不會有任何實質受損。但國會將被海量的價格上限法案淹沒，且國會議員既無能力也無時間審查，只能信任價格管理局局長及其職員，乃至包裹表決通過提案，或者撤銷管理局管制價格之權力的法律。

要審愼制定一個以生產手段私有制、自由企業和消費者主權爲基礎所需的法律，議會民主程序是個適當辦法。若政府什麼都要管，議會民主程序根本不適合處理任何政務。管制商務活動的政府和任何形式的立憲民主政府，是兩個不相容的概念。

可以這樣說，除非是「無政府」的社會，否則一定有「官僚」，而政府組織和管理方式就是「官僚制」，政府部門就是「官僚機構」。一般社會裡，都有公私部門之分，公部門或政府部門是官僚機構，當然實施的是官僚管理方式，而問題就在「私部門是否有官僚制呢？」正如米塞斯在本書中所說的：「任何政府都少不了官僚機構和官僚管理辦法。如果沒有某種公民政府，社會合作便不可能運行，所以某一數量的官僚體系是必不可少的。人們所憎惡的，其實不是官僚體系本身，而是官僚體系入侵人的一切生活與行動領域。」所以，「反抗官僚體系侵害的鬥爭，本質上是對極權主義獨裁的一種反抗。把爭自由民主的奮鬥貼上反抗官僚體系的標籤，其實是一個混淆視聽的錯誤名稱。」

米塞斯認爲，一般人對官僚管理辦法與程序的抱怨是很實在的，但人們所抱怨的那些官僚體制缺點，正是任何社會主義或極權主義體制根本缺陷的指標。米塞斯在本書中，分由〈利潤管理制〉、〈官僚管理制〉、〈公有企業的官僚管理制〉、〈私人企業的官僚管理制〉、〈官僚化的社會與政治含義〉、〈官僚化的心理後果〉，以及〈可有任何補救辦法？〉等七個課題來透徹研究官僚體制的問題。發現：社會主義烏托邦完全不切實際，一旦強行實施，不僅不會使所有的人生活變得更好，反而會導致社會合作中止、社會解體混亂。

「官僚制」和「官僚」沒有錯

本書〈結語〉明確指出，任何社會裡負責強制與脅迫的統治機構，其事務處理的方式，必定是形式主義的和官僚主義的。任何改革都無法消除政府機構的官僚主義特徵。譴責政府機構事務處理緩慢與鬆懈，是無濟於事的。一般政府機構員工通常在工作勤勉、細心和苦幹上不如私人企業的員工；然而，對此表示失望，也是枉然。在欠缺不容置疑的成敗評估標準下，絕大多數人幾乎不可能找到類似營利事業的金錢計算所輕易提供的那種竭盡所能努力工作的誘因。批評官僚迂腐遵守僵硬的規則與規例，是沒用的。如果不想讓公共行政溜出高層主官的掌控，乃至退化爲下屬小吏至上的局面，這些僵硬的規則與規例非有不可。再者，在公共事務處理方面，要保證法律地位至上，以及要保護公民免受官僚專制恣意傷害，僵硬的規則與規例是唯一的手段。

旁觀者要指責官僚機構過於浪費，很容易。但，負責提供完美服務的高層行政主管從另一個角度看待這種問題。他不想冒太大的風險。他爲了以防萬一，凡事寧可選擇加倍穩妥、不致犯錯。

所有這種缺點都是無法用金錢損益報告予以查核的服務提供過程所固有的弊端。其實，要不是我們能夠拿營利事業的操作模式和官僚管理制相比，我們絕不可能認出後者的這些特徵眞的是缺點。營利事業那種飽受辱罵、「卑鄙」追求利潤的操作模式，使人充滿效率意識，從而凡事熱中徹底合理化。但，對於官僚管理制諸多不如人意之處，我們其實無能爲力。

然而，一旦考慮到某些狂熱者奮力要把整個社會生產與營銷體系改造成一個龐大的官僚組織，關於官僚制與利潤制的技術性分析便呈現出某個大不相同的含意。拿政府的郵政服務作爲社會的經濟組織模板，並使人人成爲一部巨大機器裡的一個一個小齒輪是列寧的理想；正是這種列寧式理想，迫使我們不得不揭露官僚制的辦法比私人企業的辦法低劣。

有心人士使用非常帶有偏見的術語喊出的口號，以服務原則取代利潤原則，如果落實，必將導致唯一可在必需品生產過程中，使損益計算和理性決策成爲可能的辦法遭到毀棄。企業家所賺得的利潤，其實顯示他給消費者——亦即，所有人——提供了很好的服務。然而，對於官僚機構的服務表現，卻沒有任何辦法可以利用計算程序來確定其成功或失敗。

在任何社會主義的體制裡，唯獨中央生產管理局有權發布命令，而其他每個人都必須執行所收到的命令。所有人，除了中央生產管理局的沙皇，都必須無條件遵守某一上級單位所草擬的指令、法規、規則和規例。當然，對於這個龐大的官僚組織與嚴密控制體系，每一位公民可能都有權利提出一些改進建議。但，從提出這樣的建議直到獲得稱職的最高權威採納，其中的歷程，再怎麼順利，頂多也只是和我們今天給報紙編輯寫信，或在期刊上發表文章，建議修改某一條法律，直到獲得立法機關通過，歷程一樣遙遠和艱辛。

在人類歷史上，曾有許多充滿狂熱激情、要求社會制度改革的運動。人們爲他們的宗教信念、爲保存他們的文明、爲自由、爲人民自決、爲廢除農奴制與奴隸制、爲司法程序的公平與正義，等等人類大義而戰。如今，讓無數人爲之著迷的改革運動，要把整個世界改造爲一個官僚機構，要使每個人成爲官僚，要消滅任何私人開創進取的動機。這個未來的人間天堂被想像爲一個無所不包的官僚組織。這個人類歷史迄今所知勢力最爲強大的改革運動，這個人類歷史首見並非僅局限於某一部分人類，而是獲得所有種族、國家、宗教和文明的人們支持的意識形態運動，目的在於全面的官僚化。

在這本書裡，我們討論的不是人的身分，而是社會組織的方式。必須弄明白的是，官僚組織的束縛使個人開創進取的動機癱瘓，而在資本主義市場裡，創新者仍有成功的機會；前者導致停滯和積習已久的方法獲得保存，而後者則導致進步與改善。資本主義是不斷前進的，而社會主義則不是。

社會主義的擁護者稱他們自己為進步主義者，但他們推薦一個以僵硬遵守常規和抗拒任何改善為其特徵的制度。他們稱他們自己為自由主義者，但他們專注於廢除自由。他們稱他們自己為民主主義者，但他們渴望獨裁統治。他們稱他們自己為革命者，但他們希望使得政府無所不能。他們允諾伊甸園般的幸福，但他們計畫把世界徹底轉變為一個無比巨大的官僚機構。每一個人，除了某個人，都是某一官僚機構裡的下級職員。這是多麼迷人的烏托邦！多麼該生死以赴奮鬥追求的崇高志業！

要對抗這一切躁動瘋狂，只有一種武器可用：理智。任何不想被虛假的幻想和空洞的口號欺騙的人，真正需要的只是常識。

社會主義的照妖鏡

經由米塞斯的透徹分析，我們應可了解官僚制的真義，也明白政府或公家機構非用官僚制不可，而民間營利事業則用利潤制，即使是「自然獨占」的企業也是。不過，民間非營利機構還是用官僚制。乍看之下，似乎利潤制優於官僚制，其實兩者無法作比較，只能說民間營利機構或事業，可在兩種制度間作選擇，很自然地會選用利潤制。所以，若要台鐵營運有效率，民營化當然較佳，若是公司化，也還是「公營事業」，不太可能採用利潤制。

米塞斯在書中並未很明確地告訴我們「官僚制」、「官僚」爲何成爲罵名、被負面看待。但在日常生活中，我們卻可以感受得到。即使在自由民主社會裡，官僚或政府官員雖口頭上稱「公僕」——人民的僕人，實際上是在「管」人民，因其有「權力」。除非道德高尚的人士，否則難免落入「權力使人腐化，絕對的權力絕對的腐化」漩渦中，而賄賂、貪腐、官商勾結、黑白掛勾、合法掠奪等等現象會層出不窮，而「特權」、「特許」的「尋租行爲」（rent seeking）也是家常便飯。即使沒有這些弊端，由「鐵飯碗」、「金飯碗」這種對公務人員的職務稱呼，就知道保守、不思進取是必然的，而社會就不太可能向前進了。我們也都感受到，努力「考進」公務機關是一般人的願望。當官，尤其是有權有勢的高官，更是光耀門楣的大事，「學而優則仕」不是世間人的嚮往嗎？所以，讓政府小而有能，不可以讓政府管制、干預經濟社會事務才是正辦嗎？其實，不管是什麼社會，一般人都很想入官場，捧公家飯碗，但卻都表示鄙視官僚，這是不是酸葡萄的心理？一種「嫉妒心」的顯現？

說到底，實施資本主義、市場經濟、讓市場機能或價格機能充分發揮，而政府充其量只從事國防、治安及建立「法治的社會秩序」任務，是最能福國利民的社會。政府的「有形之手」不應牽制或阻礙「市場機能」的運作，只能爲其去礙，使其運作順暢無阻。也就是說，政府與市場之間的關係，是政府對於市場的運作，只可維護或給予便利，不得有所干擾。換個角度說，對人類最好的制度是資本主義市場經濟的企業利潤制，絕非社會主義的中央計畫、中央集權、政府高度管制的官僚體制。

米塞斯在一九四四年出版這本書，很明顯是眼見歐洲已被社會主義攻陷，而美國一九三〇年代實施「新政」以後，政府干預市場的事件愈來愈多，而且是在民意認可下爲之，但還未到積習難改的嚴重地步，還有得救，於是趕緊提筆引用法、德、俄等經典官僚主義國家的經驗，突顯出社會主義實施的嚴重後果，委婉勸說美國人民不要繼續給政府愈來愈多干預市場的權力，要相信「消費者主權」的資本主義，不要相信「政府全能」的社會主義，趕緊回歸一七七六年美國創國的傳統——自由經濟資本主義。如今眼見美國在七十七年之後還是被社會主義全面滲透，這不只對美國、對全人類都是壞事，似乎也顯示米塞斯的苦心落空，或許也表示這本書不夠暢銷。

畢竟人世間充斥抹黑、汙衊資本主義的言論和專家，閱讀米塞斯這本小書或能豁然明白眞僞。在此人間將被社會主義淹沒、人類處於危急存亡之秋，但還可救藥之際，期望世間人，特別希望年輕世代好好讀它，或許就能買回被賣掉的未來！共勉之！

譯者序

謝宗林　於台北
二〇二一年五月

在這本首版於一九四四年問世的小書裡，爲躲避納粹的威脅而從奧地利輾轉流亡、最後定居於美國的經濟學家米塞斯，藉由比較與分析營利事業的利潤管理制和政府機構的官僚管理制，兩者運作方式的本質差異，爲美國的一般讀者介紹社會主義和資本主義之間的爭論所隱含的根本問題——在人的行爲過程中，有無可能使用經濟計算的工具，以及由此衍生的經濟、政治和社會問題。有興趣深究的讀者，或許可以參考米塞斯於一九四九年出版的傳世巨著《人的行爲——經濟學專論》，那本書裡對於經濟計算問題有比較充分的理論性說明。但，這絕不意味熟悉人的行爲理論（praxeology）的讀者可以略過這一本富含歷史觀察的小書，特別是其中的第六章〈官僚化的心理後果〉。就某一意義來說，這本小書展示米塞斯如何運用人的行爲理論於歷史觀察，有助於讀者活用行爲理論了解親歷的時代變局。這是筆者所以很享受把這本書翻譯出來的理由。

另外有一個術語的問題値得在此一提。米塞斯區分社會主義（生產手段公有、沒有生產手段市場與價格的社會分工生產體制，含市場與價格名存實亡的納粹統制經濟體制和蘇維埃的共產經濟計畫體制）和干預主義（政府干預企業、逐步弱化生產手段私有權、弱化聽命於消費者的市場有效應用經濟計算分配生產手段的功能），並指出干預主義終究會趨向社會主義。但，有時候爲了行文方便，他在使用社會主義（或共產主義）一詞時也包含干預主義的意思，譬如，在這本小書的導論裡所使用的社會主義一詞的意思便是如此。但，在另一本也是於一九四四年出版的其著作——《全能政府：極權國家與總體戰爭的興起》——裡，米塞斯以國家至上主義（法文稱ètatism，英文譯名爲statism，中文通常譯爲國家主義）一詞概括社會主義和干預主義。我覺得像在本書導論使用社會主義一詞的地方，便很適合以國家至上主義代替。如此一來，原本用來和社會主義相對照的資本主義一詞，便可名正言順地改爲消費者至上主義（consumer sovereignty）。資本主義或市場經濟追根究柢本質就是消費者至上主義。國家至上、或消費者至上？政府掌權者與官僚至上、或公民自由至上？這就是問題的所在。

前言

當今社會與政治衝突的主要議題是：人是否該拋棄自由、私自開創進取和個人負責的精神，而選擇屈服於社會主義國——一個執行強制與脅迫的巨大機構——接受其監管？獨裁的極權主義體制是否該取代個人主義和民主體制？公民是否該被改造成爲順民，在一支全民強制勞動隊伍裡當下屬，無條件遵守上司的命令？他是否該被剝奪最爲珍貴的選擇權，不准他選擇自己的手段與目的，不准他塑造自己的生活？

我們這一代目睹社會主義國運動快速推進、取得重大勝利。約在半世紀前，一位著名的英國政治家，威廉·哈庫特爵士（Sir William Harcourt），宣稱：「我們現在都是社會主義者。」[1]當時這句話，就英國來說，未免言之過早，然而現在對那個曾是現代自由之搖籃的國家來說，卻是幾乎百分之百正確。對歐洲大陸來說，它現在也同樣適用。唯獨美國現在仍可自由選擇，而美國人民現在的抉擇將決定全體人類未來的命運。

---

[1] 參見G. M. Trevelyan, *A Shortened History of England* (London, 1942), p.510.

社會主義和資本主義之間的爭論所涉及的種種問題，可從一些不同觀點加以探討。而此時此刻，從剖析種種官僚機構的擴張入手，似乎是最方便的探討途徑。對官僚主義加以分析，可提供讀者一個很好的機會，認識社會主義和資本主義之間的爭論所隱含的根本問題。

雖然官僚主義運動在過去這些年普遍發展非常迅速，但和世界其他國家相比，美國現在的官僚主義弊病仍僅限於表面層次。美國如今只顯現官僚管理制的少數幾個病徵。因此，如果不處理一些只在官僚制傳統較爲悠久的國家才會顯現的官僚化面相與結果，本書對美國官僚主義的研究將不夠完整。所以，本書必須分析法國、德國和俄國等經典官僚主義國家的經驗。

本書雖然偶爾會提到歐洲官僚制的情況，但其目的絕不是要模糊美國人和歐洲大陸人其實懷抱著極端不同的政治與社會心態面對官僚主義。對美國人來說，其權威並非得自於人民的政府——或德國所謂的當局（*Obrigkeit*）——是匪夷所思的概念。甚至要對一個以約翰·米爾頓（John Milton）和湯瑪斯·潘恩（Thomas Paine）的著作、美國獨立宣言、美國憲法和蓋茲堡演說（the Gettysburg Address）作爲其政治教育泉源的人，說清楚*Obrigkeit*這個德語詞的含意，以及*Obrigkeit-Staat*究竟指什麼，是極其困難的。下面這兩段引文也許有助於清楚解釋這個問題。

一八三八年一月十五日，普魯士內政部長G. A. R. von Rochow在回覆某一普魯士城市若干位市民的請願信上宣稱：「就一個臣民來說，依據他那可憐的智力，評量國家元首的種種作爲，並且傲慢無禮地擅自以爲代表輿論，妄議這些作爲是否公正合理，是很不得體的。」這事發生在德國自由主義挑戰專制主義的年代，而且當時的德國輿論還強烈憎恨這樣蠻橫自大的官僚口吻哩！

半個世紀後，德國自由主義已壽終正寢。德國皇帝的社會政策（*Sozialpolitik*）——政府干預市場和侵略性民族主義結合爲一體的國家至上主義體制（statism）——取代了自由主義。這時已經沒人在意史特拉斯堡帝國大學（the Imperial University of Strassburg）的校長心平氣和地如此描述德國政府體制的特徵：「我們的官員……絕不會容忍任何人搶走他們手中的權力，國會裡的多數黨當然也不行，我們知道如何巧妙地應付他們。沒有任何一種統治方式，像情操高尚而教育水準又高的文官掌權的統治，這麼輕易地被容忍、或這麼感恩地被接受。德國是一個官僚至上的國家，但願它永遠如此。」❷

❷ Georg Friedrich Knapp於一八九一年五月一日發表的校長就職講詞。這份講詞刊登在許多複印本裡。這裡所引用的文字來自一九〇九年版的*Die Landarbeiter in Knechtschaft und Freiheit.*

這樣令人嘆爲觀止的話語不可能出自任何美國人之口。這事在美國絕不可能發生。

目次

導論

一、官僚制一詞有辱罵人的含意

官僚、官僚的、官僚制顯然是罵人的字眼。沒有誰會說自己是一名官僚，或說他自己採取的是官僚的管理辦法。使用這些字眼時，總帶有辱罵的意思。這些字眼總是意在輕蔑地指責某些個人、機構或程序。沒有誰懷疑官僚制是糟糕透頂的制度，沒有誰懷疑完美的世界絕不該存在官僚制。

並非僅在美國和其他民主國家，這些字眼才有罵人的含意。這樣的含意是一個舉世皆然的現象。甚至在普魯士那樣完美體現獨裁政府的國家，誰也不願意被稱爲官僚。普魯士國王麾下參贊機密的高級文官（*wirklicher geheimer Ober-Regierungsrat*，英譯*privy senior civil servant*）以他的尊嚴和官位所賦予的權力自豪。他的自負因下級和一般人民的敬仰而益發膨脹。他滿腦子以爲，自己不僅舉足輕重，而且絕對不會犯錯。如果有人放肆地稱他爲官僚，他會認爲那是厚顏無恥的汙辱。在他看來，他並非一介官僚，而是一名文官，國王任命的官員，國家的一名公務員，夜以繼日、堅定不懈地照料國人的福祉。

值得一提的是，官僚制的批評者所認定的那些該爲官僚制的擴散負責的「進步分子」，也不敢爲官僚制辯護。相反的，他們也加入他們在其他場合鄙視爲「反動者」

的行列，同聲譴責官僚制。他們聲稱，對於他們所追求的那個烏托邦，這些官僚制辦法絕非必不可少。他們說，官僚制毋寧是資本主義體系，礙於它自己無法改變、終歸消失的趨勢，而將就作出的一種不如人意的日常運作安排。社會主義不可避免的最後勝利，不僅將廢止資本主義，同時也將掃除官僚主義。在未來的快樂世界裡，在實施全面計畫的幸福天堂裡，將不再有任何官僚。平民百姓將擁有至高無上的地位；人民自己將看管人民的一切事務。只有心胸狹隘、見識不明的資產階級，才會誤以爲現在的官僚制預示未來社會主義下人類的命運。

每個人似乎就這樣全都同意官僚制是邪惡的制度。但，同樣無可辯駁的事實是，誰也未曾嘗試毫不含糊地確定官僚制眞正的意思。官僚制這個字眼一般被鬆散地使用。如果有人要求使用者提出精確的定義和解釋，大多數使用者肯定會很尷尬。如果大多數使用者甚至不知道官僚制的確切意思，他們怎能譴責官僚制和官僚呢？

二、美國公民對官僚主義的控訴

一個美國人，當被要求具體說出他對日漸擴大的官僚化弊端有何不滿時，也許會這麼說：

「我們美國傳統的政府體系是以立法、行政、司法三權分立，以及聯邦和州政府的管轄權限有一合理劃分爲基礎。所有立法者、最爲重要的一些行政人員，和許多法官，由人民透過選舉程序選出。因此，人民，或者說選民，擁有主權。另外，三個分立的政府部門都無權干涉公民的私人事務。遵守法律的公民是自由人。」

「然而某些強大勢力，經過許多年的運作，特別是自從出現新政以來這些年的運作，現在幾乎就要把這個久經考驗而且行之有效的民主體系廢除，而全面由一群不負責任且肆意妄爲的官僚掌控的暴虐統治體系所取代。官僚不是通過選舉程序由人民選出任命的，而是由另一名官僚任命的。官僚已經霸占了很大一部分立法權。形形色色的政府委員會和局處機關發布命令和規例，包攬管理指導公民私人生活的每一層面。官僚機關不僅規定許多從前任憑公民私自裁決的事務，甚至勇於發布命令，實質取消某些經過適當程序制定的法律。憑藉這種準立法手段，官僚機關奪得權力，根據他們自己對每一個案是非曲直的判斷，也就是說相當主觀隨意地，決定許多重要事項。然後，官僚機關的裁定與判決交付聯邦官吏強制執行。傳說的司法審查其實是迷人的幻覺。官僚現在天天取得更多權力；他們很快就要掌管整個國家。」

「無可置疑，這樣的官僚統治體系本質上是反自由主義的、不民主的、反美的；它不僅背棄美國憲法的內在精神，也違逆美國憲法的表面文字；它是史達林和希特勒所實施的極權主義統治方法的複製品。它對自由企業制和私人財產權，滿懷狂熱的敵意。它癱瘓產業營運，降低勞動生產力。它不計成果地花錢，浪費國家財富。它做事沒效率，甚至純粹糟蹋資源。雖然它將其所作所爲打扮爲某某計畫的樣貌，其實它並沒有明確的計畫與目標。它欠缺統一性和一致性，各個官僚局處與機構自行其是、相互掣肘。結果導致整個社會生產與配銷體系的崩解，貧窮與困苦勢必隨之而來。」

這則針對官僚制的激烈控訴，對當今美國政府體制演變趨勢的描述，儘管有點情緒性，大體上是恰當屬實的。但，它沒抓住問題的核心，它誤以爲，官僚制和官僚該爲這種演變負責，而其實這種演變另有更爲深層的根源。官僚制不過是這種演變的一個後果和症狀罷了。

當今種種政策的特色屬性，是傾向以政府控制取代自由企業。強大的政黨和利益團體強烈要求公共部門控制一切經濟活動、政府計畫一切、企業國有化。他們要求政府完全控制教育，要求將醫療行業社會主義化。但凡人的活動，不管是哪一個領域，他們都想將之納入某個權威當局的嚴密監控之下。在他們看來，國家監控是根除一切弊病的萬靈丹。

對於他們自己在極權主義發展趨勢中所扮演的角色，這些狂熱主張政府全能者所做的評估非常謙遜。他們斷言，社會主義是不可避免的，是人類歷史必然與無可規避的演進趨向。和馬克思一樣，他們宣稱社會主義勢必「像自然法則是不可改變的那樣」來臨。生產手段私有制、自由企業、資本主義、利潤制，等等注定滅亡。「未來的浪潮」將把人類推向政府監控一切的人間天堂。極權主義捍衛者之所以自稱爲「進步分子」，就因爲他們自以爲率先領悟到種種預兆的歷史意義。他們嘲笑、貶損所有試圖抵抗歷史趨勢者，稱其爲「反動者」。他們說，人類無論怎麼盡力，都不夠強大到足以阻止歷史趨勢力量的運作。

由於採納了「進步的」政策，新的官僚職位和政府機構像雨後春筍般大量湧現。官僚人數不僅大幅增加，而且渴望逐步限制公民個人的自由。許多公民，亦即，被「進步分子」蔑視爲「反動者」的那些人，憎恨這些官僚機構侵犯他們的事務，並且責怪官僚無能又浪費。但，這些反對者迄今一直只是少數；在過去的選舉中，他們都未能獲得多數選票的支持，就是明證。「進步分子」、堅定反對自由企業與個人私自開創進取精神者，以及狂熱主張極權政府監控一切企業者，在歷次選戰中獲勝。

羅斯福新政向來獲得美國選民的支持，這是鐵的事實。同樣無可置疑的是，如果選民不再支持，新政就會完全中止。美國仍然是一個民主國家，憲法仍然保持完整，選舉仍然是自由的，選民並非在威脅下投票。因此，說官僚制以違憲和不民主的方法取得勝利，是不正確的。律師也許有些依據可以質疑新政某些細節的合法性，但大體上，新政是獲得國會支持的。國會通過推行新政的法律，並指撥推行新政所需的經費。

的確，美國現在面對立憲者當時沒料到、也不可能料到的一個現象：國會自願放棄它的權利。它在許多場合將立法功能委託官僚機構和委員會代行，並且指撥大量執行細節可由行政部門裁定的預算經費，從而放鬆了國會對預算支用的監控。國會是否有權利將它的某些權力暫時委託出去？這並非沒有爭議。例如，在全國復興總署（National Recovery Administration）一案裡，最高法院便宣布國會委託該署代行某些權力違憲。但，國會另以比較謹慎的方式將一些權力委託出去，現在幾乎是司空見慣的事。無論如何，國會這樣將某些權力委託出去，迄今並未違逆擁有主權的人民所表明的多數意志。

另一方面，我們必須知道，權力委託是現代獨裁政權賴以形成的主要程序性工具。希特勒和其內閣便是憑藉委託的權力在統治德國。而英國左派政黨也希望藉由得到權力委託，以建立其獨裁政權，同時將英國改造成社會主義國家。顯然的，權力委託能把獨裁政權偽裝成看似合憲。但，目前美國的情況尚非如此，美國國會現在無疑仍然擁有合法的權利和實際的統馭力，能夠隨時取回它所委託出去的一切權力。美國選民現在仍然有權利與權力，選任根本反對國會放棄任何權力的參議員和眾議員。在美國，官僚制現在建立在合憲的基礎上。

而且將管轄權愈來愈集中於中央政府，以及所導致的州政府重要性不斷下降，視為違憲，也是不正確的。華府其實未曾公然篡奪州政府的任何憲法權限。美國憲法所確立的聯邦和州政府之間權力分配的均衡狀態，之所以遭到嚴重擾亂，原因在於有關部門新取得的權力大多歸屬聯邦而非歸屬州政府。這樣的事態發展，也並非是某些神祕的華府派系，渴望抑制州政府，並將權力集中於中央，陰謀詭計得逞的結果。造成該結果的是這個事實，即美國經濟是一體的，它的貨幣和信用體系是一體的，商品、資本、人員在各州之間可以自由流動。在這樣的國家裡，政府對企業活動的控制權必須集中，因為根本不可能把這種控制權交給各州。如果各州可以按照它自己的計畫控制企業活動，美國國內市場的整體性將蕩然無存。只有各州能夠藉由貿易與移民障礙，以及自主的貨幣與信用政策，將它的轄地和國家其餘地方分隔開來，州政府才可能實際運用它對企業活動的控制權。由於誰也不會當眞建議把美國經濟的整體性打散，所以將企業活動的控制權委託給聯邦政府實屬必然。對企業活動進行控制的政府體系，本質上必然講求最大程度的權力集中。只有在自由企業體系下，美國憲法所保障的各州自治權限才可能落實。在投票支持政府控制企業活動之際，美國選民也暗中，儘管是無意，投票支持更多的中央集權。

官僚制的批評者所犯的錯誤，在於他們的批評僅針對病徵而略過病灶。無數嚴格管制每一層面私人經濟活動的命令，究竟是由國會正常通過的法律直接發布的，還是由獲得法律授權與預算撥款的委員會或行政機關發布的，其實無關緊要。人們所眞正抱怨的，其實是政府竟然著手推行此等極權主義政策，而非確立此等政策的技術性程序。即使國會並未賦予行政機關任何準立法功能，而是自己保留權力，發布行政機關執行管制任務所需依據的一切命令，也解決不了人們眞正的抱怨。

一旦價格管制成為政府的一項任務，無數的價格上限就必須有人規定，而且隨著情況變化，許多規定必須一改再改。目前規定價格上限的權力歸屬價格管理局（the Office of Price Administration）。但，如果價格管理局的官僚必須稟告國會立法核准這些價格上限，他們的影響力也不會有任何實質受損。國會將被海量的價格上限法案淹沒，而每一法案的內涵都遠遠超出國會的審查能力範圍。國會議員將欠缺所需的時間和資訊，難以認眞審查價格管理局各部門所琢磨出來的無數提案。於是，國會除了信任價格管理局局長及其職員乃至包裹表決通過其提案，或者將成立價格管理局以管制價格的法律撤銷外，別無其他選擇。根本不可能要求國會議員，像尋常審查政策和法律那樣，盡心盡力地慎重考慮和仔細討論海量的價格上限提案。

要審慎制定一個以生產手段私有制、自由企業、和消費者權力至上為基礎的社會所需的法律，議會民主程序是一個適當的辦法。如果政府什麼都要管，議會民主程序根本不適合處理任何政務。美國當初的立憲者從來沒想到，什麼統治體制需要執政當局規定胡椒粉和柳丁、照相機和刮鬍刀片、領帶和餐巾紙等等的價格。但，如果他們當眞想到了這個意料之外的情況，他們肯定也會認爲，此等價格管制命令，究竟是由國會發布的，還是由某一官僚機構發布的，是無關緊要的問題。他們肯定不消花費多少腦筋便能了解到，管制企業活動的政府和任何形式的立憲民主政府，終究是兩個不相容的概念。

社會主義國家以某一獨裁方式進行統治，這一點也不意外。極權主義和民主不可調和，即使希特勒和史達林須將他們的命令提交給他們的「國會」裁決，德國和俄國的情況也不會有所改變。在政府管制一切企業活動下，國會除了是一群應聲蟲的集會外，不可能有其他什麼意義。

而且任何人都沒道理責怪官僚機構的職位不是經由選舉獲得的。只有就政府高層人員的任用而言，選舉才是合理的。在此等場合，選民可在他們知曉其政治性格與信念的候選人當中，選出他們中意的人。但，若要依相同辦法讓選民選舉一大堆不明人士擔任次要的政府職務，那就荒謬了。由公民投票選出總統、州長或市長，那是合理的。但，若要讓公民選舉數百千萬名次要的公職人員，那就荒唐了。因爲在此等選舉場合，選民除了同意他們中意的政黨所提的名單外，別無其他選擇。究竟是由正當程序選出的總統或州長直接任命所有他的助手，或是由選民投票贊成他們中意的總統或州長候選人已經挑選好的助手名單，實質上不會有什麼差別。

正如極權主義趨勢的反對者所言，官僚確實有相當大的自由裁量權，可以根據他們自己的考量，逕行決定許多攸關公民個人生活的事項。沒錯，公務員不再是公民的僕人，而是不負責任且恣意武斷的主人和暴君。但，這並不是官僚制的過錯，而是目前這一套限縮個人處理自己事務的自由，並將愈來愈多任務交給政府執行的新政府體制所造成的結果。罪魁禍首並非官僚，而是目前這套新政治體制。而擁有主權的人民，如果有意願和決心，現在仍然能夠選擇拋棄這套體制。

再說，官僚體系對於私人商號和自由企業，的確滿懷無可化解的憎惡。但，在官僚體系的支持者看來，這恰恰是官僚體系最值得稱道的特色心態。這些支持者非但不以他們的反商政策爲恥，反而引之爲榮。他們志在促成政府全面管制企業活動，並且把每一個企圖規避政府管制的商人視爲公眾的敵人。

最後，同樣不可否認的是，就純粹形式主義的觀點而言，目前導致官僚體系膨脹的新政策雖然不算違憲，但它無疑違背美國憲法的精神，它等同推翻了以前世代的美國人所珍惜的一切，它必然導致前人所認識的民主政治遭到毀棄，所以就此意義而言，它是反美的。但，這樣的叱責並未點醒極權主義的支持者，並未使他們對許多據稱「進步的」趨勢感到懷疑，因爲他們以不同於批評者的眼光看待過去。在他們看來，所有存在的社會迄今爲止的歷史，都是一頁不斷墮落、無邊苦難，以及統治階級無情剝削人民群眾的紀錄。他們說，美國人所謂「個人主義」（individualism）這個響亮酷炫的名號，其實是「貪財」戴上面具、扮成美德，招搖過市。它眞正的意思是：「讓貪圖錢財者、精明的騙子、股票作手，和其他劫掠國民收入的土匪自由發揮。」❶他們嘲笑美國的政治體制，說它是虛僞的「人權法案民主」，而對俄國的史達林體制則大肆讚揚，說它是唯一眞正的民主體制。

當今政治鬥爭的主要議題是：究竟是該以生產手段私有制爲基礎（資本主義、市場經濟體系）來組織社會，或是該以生產手段公有制爲基礎（社會主義、共產主義、計畫經濟）來組織社會？資本主義意味：自由企業、在經濟事務方面消費者權力至上、在政治事務方面選民權力至上。社會主義意味：政府完全控制每一領域的個人生活、政府作爲中央生產管理當局擁有至高無限的權力。這兩種制度之間沒有妥協方案。和流行的謬論相反，沒有折衷方案，不會有第三種制度可以作爲某種永久社會秩序的模式。❷公民必須在資本主義和社會主義之間作出選擇，或者就像許多美國人所說，在美國式的生活和俄國式的生活之間作出選擇。

在此對抗中，無論是誰，若想支持資本主義，都必須坦率且直接地支持。他必須正面支持私人財產權和自由企業。僅僅批駁某些爲社會主義鋪路的措施，是徒勞的。只針對附隨現象，而不針對極權主義趨勢本身進行打擊，是沒用的。只一味批評官僚主義，是不會取得什麼成果的。

三、「進步分子」對官僚主義的見解

「進步分子」對官僚主義的批評，主要針對大公司企業組織的官僚化。他們的論述方式如下：

「過去的企業規模比較小，企業家能夠通覽全局，親自做出一切重要的決定。他

---

❶ W. E. Woodward, *A New American History* (New York, 1938), p.808.在這本書的書套裡，我們讀到：「今天任何思維正確的父母，如果知悉所有事實，很可能都會認爲，班奈狄克•阿諾德（Benedict Arnold），一般來說，遠比林肯（Lincoln）更適合作爲他家小孩的榜樣。」顯然的，擁抱此等看法者肯定不會覺得官僚制的反美主義有什麼過錯。譯者注：班奈狄克•阿諾德原爲美國獨立戰爭初期戰績彪炳的大陸軍將領，後來變節投靠英軍。

❷ 本書第七章第三節有進一步的相關陳述。

擁有其企業投入資本的全部或至少大部分。他自己和其企業的成敗有重大的利益關係。所以他會竭盡所能組織他的企業，盡可能提高其裝置效率、避免浪費。」

「但，隨著無可改變的經濟集中化趨勢，情況根本改變了。如今規模龐大的公司企業林立。這是所有者不在場的所有制；公司的合法所有者——公司股東——在管理階層沒有實際發言權，管理工作實際上委由專業經理人擔任。企業規模如此龐大，以致許多功能和活動必須分由不同部門和下屬單位執行。業務執行程序必然變得逐層分科地官僚起來。」

「當今自由企業的捍衛者，就像中古世紀美術工藝的謳歌者那樣浪漫。他們其實完全搞錯了，誤以爲當今的大公司企業具有和過去的中小企業一樣的優點。目前巨大的公司企業完全不可能拆分爲較小單位。相反的，經濟權力進一步集中的趨勢，誰也擋不住。壟斷化的大企業將凝結成爲死板僵硬的官僚體系。專業經理人，毋須對任何人負責，將變成世襲的貴族；政府將變成只是權力無限的企業財團的傀儡。」

「以政府行動遏制專業經理人寡頭統治集團的權力，是絕對必要的。種種對於政府嚴密管控一切的抱怨，是無稽之談。照目前的情勢看來，接受某一不負責任的專業經理官僚體系的統治，或接受國家政府官僚體系的統治，是我們僅有的兩個選項。」

這樣的論述顯然旨在爲官僚制辯護。針對一般人對政府官僚體系不斷擴展的批評，「進步分子」和新政支持者的回答，說官僚制並非政府所獨有。他們說，官僚制是一普遍出現在政府和企業的現象，而「組織規模巨大」則是此一現象最強大的肇因。❸因此，官僚制是一不可避免的弊病。

本書將努力證明，任何追求利潤的企業，無論規模多大，只要其管理團隊的雙手沒被政府干預綁住，都不會輕易變成官僚機構。變成僵固的官僚組織，並非企業發展過程固有的趨勢，這趨勢其實是政府干預企業經營的結果。它是某些政策所導致的，這些政策刻意要清除利潤動機，在社會的經濟組織架構裡扮演任何角色。

在這個導論部分，對於企業官僚化的諸多抱怨，我們將僅仔細考察當中一個流行的論點。常有人說，官僚化的原因在於「缺乏能幹、有效的領導。」❹他們說，欠缺的正是「有創意的領導力」。

在政治事務領域，抱怨欠缺領導力，是所有獨裁體制前導鼓手的特色心態。在他

❸ 參見Marshall E. Dimock and Howard K. Hyde, *Bureaucracy and Trusteeship in Large Corporations*, TNEC Monograph No. 11, p.36.

❹ 參見Dimock and Hyde，前引著作，p.44，以及他們所引述的文章。

們看來，民主政府的主要缺點，就在於民主無法產生偉大的領袖和元首。

在企業經營領域，有創意的領導力表現在調整生產與配銷，以適應供需情況的變化，以及馴化各類技術進步，使之適合實際運用。企業家之偉大，在於他生產更多、更好、更便宜的商品，在於他作爲進步的先驅，提供同胞從前沒聽說過、買不起的商品與服務。我們可以稱他爲領導者，因爲他的開創進取和活動能力，迫使競爭者必須仿效追隨他的成就，否則就得歇業、倒閉。正是他不屈不撓的創造力和他的愛好創新，防止了所有事業單位活動退化成爲懶散的官僚例行公事。資本主義和自由企業制固有的躁動不安的活力，和開創進取的精神，在他身上體現。

如果有人說當今美國缺乏這種有創意的領導者，那肯定是言過其實。許多老一輩的美國企業界巨擘現在仍然活著，而且還忙於經營他們的事業。至於對年輕人的創造力，要表示任何看法，都得小心謹慎些。要正確評價年輕人的成就，需要一段時間距離，眞正的天才很難得到同代人承認其爲天才。

對培育和養成有創造力的人才，社會不可能提供任何正面幫助。有創造力的天才不可能被人訓練出來，不會有培養創造力的學校。某個人之所以被稱爲天才，恰恰就是因爲他藐視學校所教的一切和常規，他背離傳統例行的道路，開創新的途徑，穿過前人無法進入的領域。天才總是一個老師，絕不會是一個學生；他總是靠自己奮鬥成功，他的成功和有權有勢者的恩惠沒有任何關係。但，從另一方面來說，政府能導致某些情況，使創新者的努力失效，從而阻止他給社會提供有用的服務。

在商場上，目前的情況便是如此。且讓我們僅以所得稅爲例，說明政府如何導致這樣的情況。且說，過去某個有創新能力的商場新手啓動了某個新項目。開始時，這項目非常不起眼；他很窮，他的啓動資金很少，而且大部分是借來的。當他獲得初步成功時，他並未增加他自己的消費，而是把項目所獲利潤的絕大部分再投進去。他的企業於是快速成長，他變成他所在行業的領導者。他頗具威脅性的競爭，迫使財力雄厚的老企業和大公司調整他們的管理方針，以因應他的介入所導致的情況。他們不能像官僚那樣凡事覺得無所謂，從而無視他的競爭。他們不得不夜以繼日、時時保持警惕，以面對這種危險的創新者。如果他們找不到能夠抗衡該新手大亨的人來管理他們自己的事業，他們就須讓他們自己的事業和他的事業合併，並服從他的領導。

但，如今所得稅拿走這樣一位企業新手百分之八十甚至更多的初始利潤。他無法累積資本；他無法擴大他的事業；他的企業絕不會變大。要和舊的既得利益集團相抗，他不是對手。老企業和大公司已經擁有大量資本，個人與公司所得稅阻止他們累積更多資本，而同一稅制則阻止該企業新手累積任何資本，他注定永遠只是小企業。他已經站穩腳跟的企業受到稅制的保護，毋須擔心有創新能力的企業新手帶來危險。他們不會受到來自新手企業的競爭威脅。只要他們覺得他們的企業能待在傳統行業裡保持傳統規模就很滿足，他們便能欣然享受此一實質（不受競爭威脅的）特權。❺當然，他們的進一步發展遭到限制。所得稅不斷大量抽取他們的利潤，讓他們不可能以自有資金擴大他們的企業，於是，他們的企業開始趨向僵化。

如今所有國家制定的所有稅法，主要目的彷彿都是要阻止新資本累積，從而阻止經濟進步，許多其他方面的公共政策也顯現同一目的傾向。「進步分子」老是抱怨企業界欠缺有創造力的領導人物，他們實在錯得離譜。欠缺的，其實不是人才，而是允許人才利用其天賦的制度環境。現代的許多政策，綑綁創新者雙手的程度，不亞於中古世紀行會制度（或基爾特）的同類效果。

四、官僚主義和極權主義

本書將說明，官僚制和官僚管理是非常古老的制度和辦法，而且任何政府，只要其統治權延伸的區域夠大，其行政體系就必須採取官僚制和官僚管理辦法。古埃及的法老王和古中國的皇帝都曾經建立龐大的官僚機構，而所有其他統治者也一樣。歐洲中古世紀的封建制度，是一個不以官僚和官僚管理辦法爲本、組織政府統治大片領土的嘗試，這嘗試完全失敗。它導致國家政治完全分裂和無政府狀態。各地的封建領主，原本只是應聽命於中央政府權威的地方公職人員，結果變成實質獨立的君主，彼此幾乎不停地征戰，完全無視國王、法庭和法律。從十五世紀開始，遏制地方封侯狂妄自大的氣焰，一直是歐洲各國王的主要課題。現代國家便是建立在封建制度的廢墟上，它以官僚管理公共事務的辦法，取代小君主和小伯爵林立並各自爲政的霸權統治。

在現代政府的演進過程中，法蘭西的國王遠遠地走在前頭。托克維爾（Alexis de Tocqueville）曾經說明，法國波旁王朝的國王如何堅定不移地設法，要將強大的封侯和貴族寡頭集團的自治權利廢除。在這方面，法國大革命不過是完成了專制君主親手啓動的作業罷了。法國大革命消除了國王的恣意統治，讓法律統攝行政領域，限制公職人員自行裁量判斷的事務範圍。換言之，法國大革命並未撤除官僚管理制，而只是將該制度置於法律和憲法的基礎上。十九世紀法國的行政體系嘗試以法律手段盡可能馴服官僚的恣意武斷。當時，在盎格魯撒克遜普通法施行領域之外，所有其他急

❺ 這裡不是一篇關於課稅之社會與經濟影響的論文，所以毋須討論遺產稅的影響。在美國，遺產稅已經產生顯著影響好幾年了，而上面談到的所得稅影響則是最近才有的現象。

於想讓法律及合法性在民事行政方面，成爲至高原則的自由主義國家，都援引法國的行政體系作爲模範。

有一件事知道的人不是很多，即，所有主張政府全能的人都極力頌揚的普魯士行政體系，其實一開始是法國官僚機構的仿製品。腓特烈二世（Frederick II），也就是腓特烈大帝，不僅從法蘭西王國引進官僚管理辦法，甚至也從該國引進執行該辦法的人員。他把貨物稅和關稅行政交給數百名從法國輸入的官僚負責，他任命某位法國人爲郵政局長，另一位法國人爲普魯士科學院院長。當今美國人說官僚主義反美，然而與此相比，十八世紀的普魯士人更有理由說官僚主義反普魯士。

行政行爲的法律技術，在施行盎格魯撒克遜普通法的國家，和歐洲大陸國家大不相同。英國人和美國人過去都完全相信，他們的法律體系有效保護他們免受行政體系恣意行爲的侵害。然而，過去數十年的經驗清楚證實，法律的預防措施，無論如何強大，都抵擋不住強大的意識形態所支持推動的趨勢。政府干預企業活動和社會主義等流行理念，已經破壞了二十幾個世代的盎格魯撒克遜人，爲了防堵政府恣意專橫像洪水那樣氾濫，所築起的法律堤壩。許多知識分子和無數選民組成的農業和勞工方面的壓力團體，蔑視傳統的美國政府體制，說它是「金權政治」；他們渴望美國採用個人得不到任何保護以對抗權威當局恣意裁量侵害的俄國統治辦法。

極權主義遠遠不是只採用官僚制。極權主義意味每一個人的全部生活、工作、休閒，都必須聽從掌權者和在位者的命令。它意味人人將變成一顆顆齒輪，置入一部龐大的強制與脅迫機器裡。它強迫個人放棄政府所不贊同的任何活動。它絕不容忍表達異議。它意味社會被改造成爲——如社會主義的提倡者所言——一支嚴格遵守紀律的勞動大軍，或——如社會主義的反對者所言——一座監獄或教養所。無論如何，它都意味根本終結文明人過去所堅持的生活方式。它不只意味人類返回——如黑格爾所言——唯有一人自由而其餘人皆爲奴隸的東方專制主義。亞細亞的那些國王並未干預其治下臣民的日常生活。有一定的活動領域留給農夫、牧民和工匠個人，國王及其附庸不會打擾他們。農夫、牧民、工匠，在他們自己的家園和家庭裡，享有某些獨立自主的權利。但，現代的社會主義和從前的東方專制主義不一樣，現代的社會主義是嚴格意義的極權主義，它對個人從出生到死亡強加嚴密控制。每一位「同志」，只要還活著，時時刻刻都勢必要毫無保留地遵守最高當局所發布的命令。國家是他的監護人，也是他的雇主。國家規定他的工作、他的飲食和他的娛樂。國家告訴他該想什麼和該相信什麼。

官僚制是有助於執行極權主義計畫的工具，但，如果因極權主義體制邪惡而怪罪個別官僚，那就不公平了。錯不在那些在官僚機構裡任職的男男女女，他們和其他任何人一樣都是極權主義新生活方式的受害者。不好的是極權主義體制，而不是體制內工作打雜的下屬。任何政府都少不了官僚機構和官僚管理辦法，而如果沒有某種公民政府，社會合作便不可能運行，所以某一數量的官僚體系是必不可少的。人們所憎惡的，其實不是官僚體系本身，而是官僚體系入侵人的一切生活與行動領域。反抗官僚侵害的鬥爭，本質上是對極權主義獨裁體制的一種反抗。把爭自由民主的奮鬥貼上反抗官僚體系的標籤，其實是一個混淆視聽的錯誤名稱。

儘管如此，一般人對官僚管理辦法與程序的抱怨，還是有些實質成分的。因爲，人們所抱怨的那些官僚體系缺點，正是任何社會主義或極權主義體制根本缺陷的指標。透徹研究官僚體系的問題，終將發現：社會主義烏托邦爲什麼完全不切實際，以及一旦強行實施，爲什麼不僅不會使所有人生活變得更好，反而會導致社會合作中止、社會解體混亂。因此，研究官僚體系，是研究與比較資本主義和社會主義這兩種社會組織體系一個很好的途徑。

五、兩者擇一：利潤管理制或官僚管理制

如果我們想發現官僚制的眞正意義，我們一開始就必須分析資本主義社會架構內

利潤動機如何運作。一般人不知道資本主義的基本特徵，如同他們不知道官僚制的基本特徵。虛假的傳說，經由煽動性的宣傳到處散播，完全歪曲了資本主義的形象。資本主義提高了廣大群眾的物質幸福，達到史無前例的水準。在資本主義國家，人口數現在是「工業革命」前夕的好幾倍，然而這些國家的每一個公民現在都享有遠高於較早年代的有錢人所享有的生活水準。儘管如此，大部分輿論貶斥自由企業和生產手段私有制，說它們是陰森恐怖的制度，危害絕大多數的國民，而只增進一小撮剝削者自私的階級利益。某些政客——他們的成就，主要在於限制農業產出和嘗試阻礙製造業的技術進步，總之就是製造匱乏——汙衊資本主義爲「匱乏經濟」，並且極力宣揚社會主義將帶來的豐裕富足。各工會的頭頭——他們所帶領的會員開著自己私人的汽車——熱情頌揚衣衫襤褸、打著赤腳的俄國無產者的處境，而且還同樣熱情稱讚工人「同志」，在工會已遭到取締而罷工則是刑事犯罪的俄國，所享有的自由。

這裡毋須深究這些神話。我們既不想讚揚什麼，也不想譴責什麼。我們只想知道我們正在討論的這兩種社會組織體系是什麼，它們如何運作，以及它們如何供應人們的日常需要。

儘管人們在使用官僚制一詞時意思相當含糊，對於公民私人的辦事方法和政府局處或市政廳的辦事方法，這兩種完全不同的方法之間的區別，大家的意見似乎頗爲一致。誰也不會否認，警察局運作所依循的原則，基本上和營利事業運作所依循的原則截然不同。因此，研究這兩類機構所使用的方法並加以比較，很適合作為本書的開頭。

要理解官僚制，包括它的優點和缺點，以及它的作用和運作方式，唯有一個方法，就是拿它和資本主義市場社會裡利潤動機的實際作用與運作方式相對照。

第一章　利潤管理制

一、市場機能的運作

資本主義或市場經濟，是一個以生產手段私有制爲基礎的社會合作與分工體系。物質的生產要素由個別公民、資本家、地主擁有。工廠和農場由企業家和農夫經營，亦即，由個人單獨、或多個人所組成的團體經營，這些個人和團體，或者擁有他們自己的資本和土地，或者借用或租用他人的資本和土地。自由企業是資本主義的特徵屬性。每一個企業的目標——不管是商人或農夫——都是想獲取利潤。

在經濟活動的安排上，資本家、企業家、農夫發揮重大作用。他們是掌舵者，駕駛著船隻，但，他們不得自由決定船隻的具體航線。他們不是至高無上的，他們只是舵手，必須無條件遵守船長的命令。船長是消費者。

決定要生產什麼產品的人，既不是資本家或企業家，也不是農夫，而是消費者。生產者並非爲他們自己的消費需要，而是爲市場的需求而生產。他們一心想要出售他們的產品，如果消費者不買商人所提供的商品，商人便無法收回已花掉的支出，他就虧錢了。如果他沒按照消費者的願望調整生產步驟，他將很快被撤離顯赫的掌舵位置，其他更善於滿足消費者需求的人將會取代他。

在資本主義市場經濟體系裡，消費者是眞正的老闆。消費者，透過出手購買或縮手不買，決定誰該擁有資本和誰該經營工廠。消費者決定該生產什麼產品、什麼品質、多少數量。他們的取捨，或者給企業主造成虧損，或者帶來利潤。他們使窮人變成富人，也使富人淪爲窮人。他們並不是容易滿足的老闆，滿腦子異想天開的念頭，時常變來變去、不可預測。他們完全不甩過去的優點，一旦有人提供更加喜歡或更便宜的東西，就會立即拋棄原來的供應商。對他們來說，沒有什麼比自己的滿足更爲重要。他們不僅懶得理會資本家的既得利益，也毫不關心工人的命運，即使工人因爲他們作爲消費者，不再購買過去習慣購買的商品，而失去工作。

當我們說生產某項商品A不划算時，是什麼意思呢？它表示這樣的事實：消費者不願意支付A的生產者足以收回所需生產要素成本的價格，而同時其他商品的生產者將發現，他們的銷貨收入超過他們的生產成本。在將各種生產要素分配到不同消費品製造部門的程序中，消費者的需求扮演關鍵角色。消費者從而決定多少原料和勞動該用於製造A，以及多少該用於製造其他商品。所以，把爲利潤而生產和爲使用而生產對立起來，認爲這兩種動機彼此衝突，其實很荒謬。懷著利潤動機的企業主，勢必要爲消費者提供最迫切想要使用的產品。如果企業主沒被迫採取利潤動機作爲他的行動指南，他可能會生產出更多的A，儘管消費者事實上偏愛獲得其他某些產品。利潤動機恰恰是促使商人以最有效率的方式，供應消費者最想要使用的那些商品的媒介。

資本主義生產體系，可以說，是一個經濟方面的民主體系（或稱爲經濟民主體系），其中每一分錢都代表一張投票權。消費者是擁有主權的人民，資本家、企業家、農夫則是人民的委任者。如果他們不服從，如果他們未能以最低可能的成本，生產消費者需要的東西，就會失去受委任的職位。爲消費者服務，是他們的任務。利潤和虧損則是消費者套在所有企業活動上的韁繩，用來緊緊駕馭的媒介工具。

二、經濟計算

資本主義體系之所以優越，在於這個事實：它是唯一能夠應用某一估價與計算方法於計畫新投資項目，或評斷那些已經在運作的工廠、農場、作坊是否值得繼續運作的社會合作與分工體系。而所有社會主義與中央計畫經濟構想之所以不切實際，就因爲在生產手段沒有私人所有權，從而沒有市場價格的情況下，沒有任何進行經濟計算的辦法。

在布置經濟活動時，要解決的問題是這個：有無數種物質類生產要素，而同一種物質類生產要素（譬如，可耕地）的物理性質和方便使用的位置，彼此又不相同。有數以百萬計的工人，他們的工作能力彼此差異很大。科技知識讓我們知道，有無數使用現有各種自然資源、資本財、人力供給，以生產各種消費品的程序或步驟，分別能達成什麼結果。在這些無數可能採用的生產步驟和計畫中，哪些最爲有利呢？哪些生產步驟和計畫很可能最有助於滿足最迫切的需要，所以該執行呢？哪些生產計畫的執行，因爲將從其他更有助於滿足迫切需要的生產項目挪出所需生產要素，所以該推遲或捨棄呢？

這些問題顯然不能以某種實物計算的方法予以解答。各種各樣的東西，如果它們沒有某一共同的性質，是無法計算在一起的。

在資本主義體系裡，一切設計和計畫都以市場價格爲基礎。沒有市場價格，工程師的一切項目規劃和藍圖都將只是沒用的學術消遣。沒錯，這些規劃和藍圖表明什麼項目能夠做和怎麼做。但，它們不能確定某個項目落實後是否將增進人的物質幸福，或者因爲要落實該項目而從其他生產線抽走稀少的生產要素，以致損害某些更爲迫切之需要的滿足，亦即，會不會爲了落實該項目，反而使消費者認爲比較迫切的某些需要得不到滿足？經濟活動計畫的指南針是市場價格，唯有市場價格能回答這個問題：某個項目P的執行是否將產生大於成本的收益？亦即，項目P是否比其他想得到，但因所需生產要素被用於執行項目P，而無法落實的生產項目更有助益呢？

對於以收益減去成本的餘額作爲標準來調整生產活動目標，或者說，以利潤動機考量生產活動是否有利，時常有人表示異議。他們說，這種生產決策模式沒考慮國家整體利益，而只考慮個人自私的利益。他們還說，個人自私的利益不同於國家利益，甚至違背國家利益。他們這種想法是所有極權主義方案的根源。提倡專制管理的人士聲稱，政府管控企業活動能照顧國家福祉，而以賺取利潤為唯一目的自由企業活動則傷害國家利益。

這些人士目前常以合成橡膠為例來說明他們的觀點。德國，在納粹社會主義的統治下，已經開發出技術，並且大量生產合成橡膠，反觀英國和美國，在以營利為目的的自由企業主導下，對於製造這種既昂貴又無利可圖的代用品（Ersatz），則是不感興趣。英國和美國於是忽略了一項重要的戰備物資，從而使國家的獨立地位暴露在嚴重的危險中。

不會有比前述這個更為荒謬的論證了。絕不會有人斷言，實施戰爭和組織國家武裝力量以備戰時之需，是一個能留給、或該留給公民個人從事的工作。保衛國家的安全與文明秩序，抵抗國外敵人和國內匪幫的侵略，是任何政府的首要責任。如果人人都善良可親，如果沒人貪圖屬於他人的東西，便不需要政府、軍隊、警察、法院和監獄。備戰是政府的事，如果政府未能做好戰備事宜，任何個別公民和任何公民團體或群體都不該受譴責。這罪責總是著落在政府頭上，從而在民主國家，總是著落在多數方的選民身上。

德國整軍經武準備戰爭。德軍總參謀部知道，一旦開戰，德國將不可能進口天然橡膠，因此決定扶植國內合成橡膠產業。這裡毋須探究英國和美國軍方高層是否相信，即便再發生一場新的世界大戰，他們的國家依然能仰賴馬來西亞和印尼的橡膠種植園。反正他們此前不認爲有必要在國內囤積天然橡膠，或著手生產合成橡膠。有些美國和英國的商人考察過德國合成橡膠產業的發展狀況，但，基於合成橡膠的生產成本遠高於天然橡膠，他們覺得不能冒險模仿德國業者，跟風生產合成橡膠。沒有哪一個企業家能投資在沒有獲利前景的生產項目上。正是這個事實導致消費者權力至上，迫使企業主生產消費者最迫切需要的商品。消費者，亦即，美國和英國的民眾，尚未準備給合成橡膠支付讓其生產有利可圖的價格。對美國和英國來說，供應橡膠最便宜的方法，是生產其他商品，譬如，汽車和各種機器，賣到國外，取得外匯，以便進口國外的天然橡膠。

如果位於倫敦和華盛頓特區的政府眞能預見一九四一年十二月和一九四二年一月與二月所發生的那些事件，它們肯定會事先採取一些措施，確保國內能生產合成橡膠。就這裡所討論的問題來說，這兩國政府究竟選擇什麼辦法供應這部分國防支出所需資金，是無關緊要的。它們可以補貼生產合成橡膠的工廠，或者可以藉由徵收關稅，將國內市場的橡膠價格提高到國內生產的合成橡膠有利可圖的水準。無論如何，人民肯定會被迫支付政府的國防措施所導致的花費。

如果政府沒做好某項措施，以致產生國防缺口，任何資本家或企業家肯定都無法予以彌補。責備某些化學公司沒早先著手生產合成橡膠，不會比怪罪美國汽車產業，在希特勒掌權後，沒立即將汽車工廠改裝成飛機工廠，更為合理。如果不是這樣，那就一樣有道理怪罪某位學者，浪費時間撰寫關於美國歷史或哲學的書，而沒把全部精力投注於訓練自己的軍事技能，以便未來能在遠征軍中有所發揮。如果政府沒做好本分工作，讓國家有充足準備可以擊退敵人的侵略，則所產生的弊端，任何個別公民除了透過演講、為文、著書呼籲擁有主權的選民多加注意外，沒有其他辦法予以補救。❶

許多醫生以愚蠢至極、完全背離自身真正的需要，形容他們的同胞花錢的方式。他們說，人們應該改變飲食習慣，限制酒精飲料與菸草消費，並以更合理的方式利用休閒時間。這些醫生很可能是對的，但，改善「國民」的行為舉止，並不是政府的任務，當然也不是商人的任務。商人不是其顧客的監護人，如果民眾偏好烈酒甚於無酒精飲料，企業家就必須順從他們的願望。如果有人想改革同胞的生活習慣，那就必須訴諸說服，唯有說服才是導致改變的民主方式。如果某人儘管百般努力，卻未能說服同胞相信他的理念正確可靠，他應該責怪自己的能力不足，而不應該要求法律，亦即，不應該要求以警察的強制和脅迫手段來改變同胞。

經濟計算的終極基礎，是所有消費者對各種消費品所評定的價值。沒錯，消費者是會犯錯的，而且他們的判斷有時候也會遭到誤導。我們可以假定，如果他們得到更好的指示，他們對各式各樣商品的評價將和原來有所不同。但，由於人性使然，我們沒辦法以某個不會犯錯的權威的智慧，取代一般人的膚淺。

我們並沒斷言，應該將市場價格視爲某種永恆與絕對的價值指標。這世界不存在任何絕對的價值，亦即，不存在任何獨立於容易犯錯的人主觀偏好之外的價值。價值判斷是人的恣意武斷，反映判斷者本身的一切缺點與弱點。然而，如果不以所有消費者的選擇所決定的市場價格作爲經濟計算的基礎，我們就只能以某一小群人的判斷所決定的價值作爲經濟計算的基礎，而這一小群人的判斷，即使他們號稱「權威」，也不會比所有消費者的判斷更不容易出錯、或更不容易導致挫折。無論消費品的價值如

❶ 這裡的論述完全無意於批評英國和美國當局戰前所採取的那些政策。只有在事件發生前好幾年，便已知道一九四一年至一九四三年將要發生的那些軍事事件的人，才有資格怪罪他人欠缺遠見。政府絕不是，提倡政府全面計畫的人士要我們相信的，無所不知。

何決定，不管是取決於某一獨裁者的決定，或是取決於所有消費者——全體人民——的選擇，價值總是相對的、主觀的、凡人的價值，從來不是絕對的、客觀的、神聖的價值。

讀者必須知道，在一個以自由企業和生產手段私有制爲基礎而組織起來的市場社會裡，各種消費品的價格會忠實且密切地反映在各種生產要素的價格上。企業家於是能夠藉由某種精確的計算，在無數可行的生產程序中，發現何者比較有利，何者比較不利。在這方面，「比較有利」意味：供應消費者比較迫切需要的生產程序，有比較優先的順序，使用所需生產要素。經濟計算讓企業界能夠根據消費者的需求調整生產活動；相對的，在任何方式的社會主義體制裡，中央生產管理當局肯定無法進行經濟計算。凡是在沒有市場，從而沒有生產要素市場價格的社會，生產要素不可能成爲任何計算程序的成分。

要充分理解這裡所涉及的問題，必須先努力掌握利潤的本質和來源。

在一個假想的、沒有任何變化的經濟體系裡，完全不會有利潤或虧損。在這樣一個穩定的世界裡，不會出現新事物，所有經濟情況都永遠保持不變，製造業者購買所需生產要素的總花費，必將等於他的產品出售所取得的價格。物質類生產要素的價格支出、工資支出，和所投入資本的利息支出，將耗盡產品的全部價格收入，不會有任何剩餘作為利潤。顯然的，這樣一個體系不需要企業家，而利潤也不會有任何經濟功能。由於今天生產的那些東西全都是昨天、前天、去年或十年前生產的東西，同樣的例行生產流程將永遠重複下去，因為不管是消費品或生產財的供給或需求，或是生產技術，都不會有任何變化；而且也由於一切價格都是穩定的，所以，這個體系沒有任何企業家活動的空間。

但，實際世界是一個不斷變動的世界。人口數、消費品味與需求、生產要素供給與科技方法，不斷改變。在這樣的事態中，生產活動需要不斷調整，以適應情況變化。企業家這種角色就是在這時登場。

那些渴望獲取利潤的人總是時時刻刻在尋找機會，一旦他們發現生產要素價格相對於產品預期價格的關係似乎提供獲利的機會，他們就會動手。如果他們對所有相關因素的評估正確，他們便會獲利。然而，一旦他們動手，他們的利潤傾向消失的趨勢便開始出現。因為新的生產項目一旦推動，相關生產要素的價格便傾向上漲，而另一方面，相關產品的價格則開始傾向下跌。唯因市場供需情況和生產技術總是有些變化，所以利潤才會是一個長久的現象。想要獲取利潤者必須時時關注新的獲利機會。他追求利潤的舉措，使整體生產活動得到調整，順應消費大眾的需求。

我們可以把整個物質類生產要素市場和整個勞動市場，當成是一個公共拍賣場，而出價者是企業家。他們的最高出價，受限於他們對消費者將願意爲產品支付多少價格的預期。爲了避免空手而歸，他們的出價必須高於一起和他們競爭的出價者，而後者的處境也和他們一樣。所有這些出價者，可以說，是以作爲消費者的委任人身分在出價。但，他們各自代表消費者需求的某一不同方面，或者是代表另一種商品，或者是代表同一種商品的另一種生產方式。形形色色的企業家彼此之間的競爭，本質上，是一個個想藉由取得消費財，以盡可能去除所感覺到的不適狀態的人，他們各種可能的選項之間的競爭。任何人就是否購買一部電冰箱、或是否延後購買一部新車，所作成的決定，是汽車與電冰箱價格形成的一個影響因素。而企業家之間的競爭則使這些消費品價格反映在生產要素價格的形成上。代表消費者各種各樣需求的企業家——因爲生產要素必定總是相對稀少，所以各種消費需求總是彼此衝突——在生產要素市場上相互競爭，形成各種生產要素的價格，從而使經濟計算不僅可行而且勢在必行。不會執行經濟計算，或漠視計算結果的企業家，將很快破產，從而被撤銷其顯赫的管理職位。

但，在社會主義社會裡，只有一個生產管理者，所以既沒有生產要素價格，也沒有經濟計算。在資本主義社會裡，任一生產要素都會通過其價格向企業家發出一個警告：別碰我，我被指定用於滿足另一個比較迫切的需求。但，在社會主義下，這些生產要素無法出聲說話，從而不會給生產規劃者任何暗示。生產科技提供規劃者大量可用來解決同一問題的不同方案，每一個方案都需要支用和其他方案不同種類與數量的生產要素。但，由於社會主義的管理者，無法把各式各樣生產要素轉化爲具有共同性質的東西，所以無法找出哪一個生產方案最爲有利。

在社會主義下，肯定辨別不出利潤或虧損。在沒有經濟計算的社會裡，沒有辦法回答，所計畫或執行的生產項目是否就是最適合滿足最迫切需要的那些項目；成功與失敗永遠藏在暗箱裡沒人知道。社會主義的提倡者，把辨識不出利潤和虧損，視爲社會主義的一個優點。這實在是可悲的錯誤。正好相反，任何社會主義生產管理體制根本的壞處，就在於無法辨別利潤或虧損。對自己正在做的事是否能幫自己達成所追求的目的無知，肯定不是任何人的什麼強項。社會主義的生產管理者，就好像是一個被迫必須蒙著眼睛過生活的人。

有異議人士說，市場經濟不管有什麼優點，反正相當不適合大規模戰爭所導致的情況。如果放任市場機能自行其是，政府將不可能取得戰爭所需的裝備。生產軍備所需的各式各樣稀少的生產要素，將浪費在平民用品的生產上。然而在戰時，平民用品應該視爲比較不重要，甚至該視爲奢侈品或廢物。因此，絕對有必要採取一套按政府規定的優先順序進行生產的制度，並組建必要的官僚機構負責管理。

這樣的論證是錯的，錯在沒意識到，之所以有必要賦予政府全權決定各式各樣的原料該用於何種生產活動，並非因爲發生戰爭，而是所用來供應戰爭支出的方法使然。

如果政府向民眾徵稅或借錢以籌措戰爭所需的全部現金，則每一個人肯定都會被迫激烈縮減個人消費。由於（稅後）收入遠低於從前，消費者肯定會停止購買戰前習慣購買的許多民生用品。而製造業者，恰恰因爲受到利潤動機的驅使，肯定會停止生產這些民生用品，轉而生產（由於稅收的現金流入、已成爲市場最大買家的）政府準備購買的軍事裝備和物資。

然而，如果政府以增加貨幣流通數量和商業銀行借款支應大部分戰費支出，並且頒布價格管制法令，禁止商品價格提高，則一方面，人民的貨幣收入將會增加，而另一方面，商品價格又須維持不變，結果將是：人民非但不會縮減，反而會增加購買各類民生商品供自己消費。爲了避免這種情況，必須訴諸商品配給，並且由政府規定優先生產順序。這些措施之所以必要，全因市場機能在政府先前的干預下癱瘓，即將導致和政府希望看到的嚴重相悖的情況。並非因爲市場機能本身的缺陷，而是因爲政府先前介入市場現象原本就不適當，使政府強制規定優先生產順序成爲不可避免的措施。在這個事例，就像在其他許多事例那樣，官僚在他們先前的干預所招致的失敗當中，看到支持進一步干預市場機能的理由。

三、營利事業的管理制度

營利事業以精明的損益計算，考核每一筆交易，新生產項目必須事先通過獲利可能性的精確審查。生產項目的每一個實現步驟，都反映在會計帳簿的收支紀錄上，損益會計顯示營利事業整體或其任何部門是否有盈利，損益數目可以作爲營利事業整體或各事業部門調整經營方向的參考。入不敷出的事業部門將遭到裁撤，而有盈餘的部門則擴大經營。虧損的事業，如果沒希望在不久的將來轉虧爲盈，是絕不可能堅持不放的。

現代簿記、會計、商業統計等精巧的方法和報表，提供企業主一個關於他的一切運營作業的忠實印象，使他能夠得知每一樁交易究竟成功或失敗到什麼程度。藉助於這些方法和報表，無論企業規模多大，他都能夠查核所有部門的活動。沒錯，在分配各部門該承擔的間接費成本時，肯定有一定程度的任意裁量，但，除此之外，報表上的數目，分別忠實反映企業每一個分支單位或部門一切活動的成果。會計帳簿和資產負債表既是企業的良心意識，也是企業主的行動指南。

對商人來說，簿記和會計的各種報表是如此稀鬆平常，以致未能看出它們是多麼奇妙的工具，竟然有待某位偉大的詩人和作家來領會它們的眞正價值。複式簿記被歌德（Goethe）稱爲「人類心靈最巧妙的一個發明」。歌德說，藉助於這個發明，商人能夠在任何時候掌握企業的整體概況，毋須讓自己被種種細節搞迷糊。❷

歌德對複式簿記特性的描述，緊緊扣住主題核心。商業管理方式的優點，恰恰在於它提供管理者一個通覽企業整體及其各個部門而毋須糾結於瑣碎細節的方法。

企業家能夠以某一方式，將企業每一部分的損益計算和企業其他部分分開，以便確定每一部分在整個企業中所扮演的角色。對一般民眾來說，每一個企業都是一個完整的個體，但，在企業管理者眼裡，企業由若干不同部門構成，每一個部門都可視爲一個單獨的個體，並且都可按照它對整個企業成敗所貢獻的份額而獲得看重、或看輕。在企業損益計算方式裡，每一部門代表一個完整的單位，或者可以說，是一個假設獨立的企業。這計算方式，假設每一部門「擁有」企業所運用的全部資本當中的某一特定部分；假設每一部門向其他部門買東西，也賣東西給它們；假設每一部門有自己的費用，也有自己的收入；假設每一部門的買賣導致一筆利潤或虧損，該筆損益歸屬於每一部門自身的運營作爲，和其他部門所獲致的損益分開。於是，管理整個企業的總經理能夠讓各個部門的經理擁有很大的獨立空間，管理所屬部門。總經理不需要過問各個部門管理上的一些次要細節，各部門經理能夠不受上級約束，各自管理部門「內部的」事務。公司總經理，交給那些他所委託，負責管理公司各個不同單位、部門和分公司的人，唯一的指令是：賺取盡可能多的利潤。他只須看一下會計報表，便可知曉所委託的這些人，執行他的指令是多麼成功、或多麼不成功。

在大規模企業裡，許多部門只生產零件或半成品，這些東西並未對外出售，而是供其他部門使用於製造最終產品，這個事實不至於改變前面所述的道理。企業的總經理會比較自行生產這些零件或半成品所引致的生產成本，和如果自企業外部購買它們，必須支付的價格。他總是面對這樣的問題：在我們自己的工廠裡生產這些東西划算呢？還是不划算呢？從其他專門生產它們的工廠買進來使用，會不會比較有利？

因此，在營利事業的組織架構中，權責能夠劃分，每一個下屬經理都爲其部門的運營結果負責。會計報表如果顯示他所負責的部門產生盈餘，那是他值得表揚的功勞；如果顯示虧損，則他的處境便很不利。他自己的私人利益考量，促使他盡心盡力經營所屬部門的業務。如果他招致虧損，他將身受其害，他將由另一個在總經理想來

---

❷ *Wilhelm Meister's Apprenticeship*, Book I, chap. X.

會比他成功的人所取代，或者他所負責的部門將遭到裁撤。無論如何，他都將遭到撤職，乃至失去工作。如果他使他的部門成功獲利，他將看到自己的收入增加，或至少不會有失去收入的危險。部門經理是否有權利分享部門的盈餘，對於他個人是否真心在意所屬部門的運營結果，影響不是特別重要，他的命運反正和所屬部門的命運息息相關。在為部門的前途工作時，他不僅是在為他的上司老闆工作，也是在為他自己工作。

對這樣一個肯負責的下屬部門經理，在過多的運營細節上加以干預，從而限制他自由裁量的範圍，肯定是不切實際的。如果他本就很能幹，這樣的干預充其量是多餘的，說不定還會因為讓他礙手礙腳而有害他發揮效率。如果他本就不能幹，這樣的干預肯定不會使他的運營更為成功，充其量只會給他一個蹩腳的藉口，把他自己的失敗歸咎於上級不當的指示。上級唯一需要給予的，是這個自知自明、甚至毋須特別強調的指示：追求利潤。除此之外，大部分的運營細節不僅能夠，而且必須，留給每一個部門的主管負責處理。

在現代企業的演進過程中，這個運營管理辦法發揮了關鍵作用。大型實業公司的大規模生產活動、在本國遙遠的地方或外國所成立的子公司、百貨公司、連鎖商店等等，都建立在下屬經理負責制的基礎上。但，這種管理制度一點也沒減輕總經理的責任，下屬經理只對他負責，他們的存在，並沒有使他擺脫找對人擔任部門主管的責任。

如果紐約某家廠商在洛杉磯、在布宜諾斯艾利斯、在布達佩斯、在加爾各答成立分店或分廠，該廠商的總經理只會相當概括地規定這些分支單位和總公司或母公司的關係，所有次要問題的處理，將在地方分支單位經理的權責範圍內。總公司的審計部門會仔細檢查地方分支單位的財務事項，一旦出現任何不合常規之處，便會立即報告總經理。爲了避免投資在地方分支單位的資本遭到不可彌補的浪費、爲了避免公司整體的商譽和名氣受到糟蹋，和爲了避免地方分支單位的運營政策與總公司發生衝突，會有一些預防性質的規定，但，在所有其他方面，地方分支單位的經理將可以自主處理。總公司之所以能夠相信某一子公司、某一分部或某一分支單位的主管，乃是因爲他的個人利益和公司整體的利益相一致。如果他在運營上花費過多，或忽略了某一可以獲利的買賣機會，他所損害的，將不僅是公司的利潤，而是還包括他自己的個人利益。他並非只是一個受雇的職員，唯一的職責只是認眞完成經指定的工作。無論他的雇用契約包含什麼條款、如何規定他的報酬，他自己實質上就是一個商人，或者說，就是相關企業家的一個初級合夥人，他必定竭盡所能，促使攸關他本人利益的公司獲得成功。

正因爲如此，所以總公司大可放心讓他自主裁量重要的決定。在採購所需的產品和服務時，他將不會亂花錢；他將不會雇用不稱職的助理和工人；他將不會解雇能幹的同事，以便由他本人不稱職的好友或親戚取代，他的運營行爲須接受損益報告——一個無法收買的法庭——正直的審判。在企業界，唯有成功獲利才是王道；失敗部門的經理注定命運多舛，不管部門的失敗是否爲他個人的失誤所致，也不管他是否有能力達成比較好的結果，不能獲利的企業分支單位遲早必定遭到裁撤，而主管這種分支單位的經理也就跟著丟掉他的工作。

消費者主權和市場民主的作用力，不會止步於任何大規模公司企業的大門，它們會滲透企業上下所有部門和分支單位。在未受干擾的市場社會裡，對消費者負責的精神，是營利事業的命脈。利潤動機，不僅在促使企業家竭盡所能服務於消費者的舉措中扮演關鍵角色，它同時也是任何大型商業或工業公司內部組織的第一原則。它讓整個企業有最大程度的集中化，同時又讓企業內各個部分幾乎完全自治；它使企業中央主管爲企業成敗負全責的原則，和企業內主管各分組、各分部、各附屬單位的下級經理有高度爲企業打拼的個人利益與動機，融合在一起。它讓自由企業體系具有變通性和應變性，從而導致該體系堅定傾向改善服務效率。

四、勞動市場未受干擾下的人事管理

現代大規模企業的全體員工，往往包含數萬名職員和工人，從最高階的總經理或總裁，到最低階的清潔婦、信差小弟、學徒，他們形成一個非常駁雜的群體。要操控這樣一個龐大駁雜的群體，會遇到許多問題，不過，這些問題都能解決。

不管企業的規模多大，企業的中央主管階層只處理整個分組、整個部門、整個分店和整個子公司的問題；這些分支單位在企業整體運營中發揮了什麼作用，能夠根據會計報表和運營統計所提供的資訊予以精確掌握。當然，會計報表並非總能顯示某個分支單位具體出了什麼問題，會計報表通常僅顯示某個分支單位有問題，顯示該單位入不敷出，因此必須改革或裁撤。會計報表所做出的判決是不可上訴的。會計報表顯示每一個部門或分支單位的現金價值，而市場上，眞正重要的也唯有現金價值。消費者是無情的，他們所以購買東西，絕不會是爲了讓某個比較無效率的生產者得利、使他免於未能把事業經營得更好所招致的後果。他們希望得到盡可能好的服務與滿足，而資本主義利潤制的運作則迫使企業家服從消費者所發出的命令。他沒有權力派發賞金而犧牲消費者的利益，如果他眞的自掏腰包派發賞金，他就是在浪費自己的資金。他支付給任何人的報酬，無疑不可能多於他出售相關產品所獲得的回報。

和存在於總經理與其直接下屬——各分支單位主管——之間相同的關係，滲透整個企業上下所有階層。每一個分支單位的主管，都按照總經理評價他的原則，評價他的直接下屬，而工廠裡的領班也應用類似的方法評價他的班員，唯一的差別是，在比較底層的單位，因爲情況比較單純，要確定每一個人的現金價值，用不著會計報表那一整套精巧的方法。究竟是以計件工資，或是以計時工資支付工人的報酬，是一個無關緊要的問題，長期而言，工人絕不會獲得多於消費者所容許的報酬。

世界上沒有永不犯錯的人，上司誤判下屬，是常有的事。勝任較高職位的一個必要條件，恰恰是能正確判斷他人的能力；不能正確判斷他人的人，會損害他自己成功的可能性。這樣的人對他自身利益的傷害，不亞於效能遭到他低估的那些人所受的傷害。既然如此，也就毋須爲雇員尋求特殊的保護規定，以免他們的雇主本人或雇主所委任的人對他們恣意武斷。在未受干擾的利潤管理制下，人事管理上的恣意武斷，是一種自作自受的罪行。

在未受干擾的市場經濟裡，對每一個人所付出的努力究竟有多少價值的評估，是和他個人有什麼屬性與品行的判斷分開的，或者說，是不考慮他的私人因素的，所以是不會附帶任何偏見或個人好惡的。市場評價的對象是產品，而不是生產者；對生產者的評價，自動顯現在對他產品的評價。每一個合作夥伴，都按照他對財貨與服務生產過程所做出的貢獻，獲得評價。薪水和工資並非取決於雇主恣意的決定；在勞動市場上，每一數量和品質的工作都按消費者願意爲產品支付的金額得到估價。雇主支付工資與薪水，並不是雇主在施恩，而是雇主在做買賣，亦即，他在購買某種生產要素。勞動價格是一個市場現象，取決於消費者對財貨與服務的需求。每一個雇主幾乎總是在尋求更便宜的勞動，而每一個受雇者也幾乎總是在尋求報酬更高的工作機會。

在資本主義體制裡，勞動是一種商品，也被當作一種商品買進和賣出；正是這個事實讓賺取工資者保有獨立的人格。和資本家、企業家以及農夫一樣，賺取工資者也仰賴消費者的恣意武斷，但，消費者的恣意選擇無關從事生產的人；消費者只關心事物，不關心人。在人事管理上，雇主無法固執徇私或偏袒某些人，他的任何徇私或偏袒，都會導致他自食惡果。

正是這個事實，而不單是憲法和人權法案，使薪水和工資收受者在一個未受干擾的資本主義體系裡成爲自由人。以作爲消費者的身分，他們是獨立自主的人，而以作爲生產者的身分，他們像所有其他公民那樣，必須無條件服從市場法則。當他們在市場上按市場價格出售某種生產要素——亦即，他們的勞心與勞力——給任何有意願的購買者時，他們獨立自主的地位不至於陷入險境。他們毋須對他們的雇主感恩戴德和屈意順從；他們只須對雇主付出一定數量和品質的勞動。而另一方面，雇主並不是在勞動市場尋找和他本人氣味相投的人，而是要找有效能的、值得他所支付之金額的人。

資本主義人事關係這種冷靜的理性和客觀性，當然並未同一程度體現在所有的買賣交易裡。工作的性質愈是將工作者導向和消費者親近，則個人因素的干擾程度也就愈大。個人情感因素，譬如，同情與憎惡，對服務業的買賣有一定的影響；服務業的買賣因（參雜個人情感因素）而比較具有「人性」。頑固的教條主義者和資本主義構陷者傾向於宣稱，這種「人性」干擾有其好處，然而，它其實限制了商人和其雇員的個人自由。小店主、理髮師、小酒館老闆、演員在表達他們的政治或宗教信仰時，便不像棉紡廠的業主或鋼鐵廠的工人那樣自由。

但，這些事實並不至於使市場體制的一般性特色變調。市場是一個按每個人給獨立自主的消費者群體——亦即，他的同胞——所提供的服務，自動評價每個人的體制。

第二章　官僚管理制

一、專制政治下的官僚制

原始的小部落酋長通常能夠把所有立法、行政和司法權力集中在他一個人手中。他的意志就是法律，他既是行政主官，也是法官。

但，當這樣一個專制獨裁者成功擴張了他的統治領域後，情況就不同了。由於他不能無處不在，所以他必須把部分權力委託某些下屬。這些下屬，在各自受託代管的地方，是他的代理人，以他的名義、並在他的保護下，負責處理地方事務。實際上，他們在各自代管的地方變成獨裁者，只在名義上服從委任他們的大王。他們按照自己的意志統治他們的地方，是地方的霸王或總督。大王有權解除他們的任務，另外指派繼任者，但，這還是解決不了問題，因爲，繼任者也將很快變成是幾乎獨立的總督。某些批評者錯誤地指稱，在代議制民主下，人民只在選舉日才擁有國家主權（或者說，才是國家的主人）。然而，如果是針對這裡所討論的獨裁專制，這樣的批評無疑對極了；獨裁專制的大王，只在他任命新地方首長當天，才擁有地方上的主權。

這樣的地方首長，處境究竟和企業分支單位的經理人有何不同呢？企業的總經理將某一組資源交給某一新任命的分支單位經理，並且只給他一個指令：賺取利潤。這個指令是否被遵守，透過現代會計制度能夠隨時予以核實；因此，只要有這個指令，便足以使分支單位成爲整個企業的一個從屬部分，同時也足以引領分支單位經理，往企業中央總經理所希望的方向努力。但，如果某個以他自己的恣意決定爲唯一統治原則的獨裁者，任命某個地方首長，並對他說：「在這個地方當我的代理人」，那麼，他就是在使該代理人的恣意決定，成爲該地方的最高統治原則。他至少暫時放棄了他自己的權力，而讓該地方首長獲益。

爲了避免這個結果，專制的大王於是發布各種指令與指示，試圖限制地方首長的權力。無數的法典、法令和規例告訴地方首長及其下屬，如果遇上如此或這般的問題，他們該做些什麼事。他們臨事自由裁量的權力於是遭到限制；他們現在的首要責任是遵守規例。沒錯，他們在適用規例的範圍內，不得恣意妄爲，但，同時，他們的處事方式也就完全變質了。他們不再熱切地竭盡所能處理所遇到的每一件事情；他們不再急於找出最適合的辦法解決每一個問題。他們主要的考慮是遵守各種條例和規定，不管這些條例和規定是否合理，或是否違背其原本的宗旨。行政人員的第一美德是遵守法規和法令，他於是變成一個官僚。

二、民主政治下的官僚制

對民主政府來說，上面的論述基本上同樣有效。

時常有人宣稱，官僚式管理和民主的政府與制度不合，這是一個謬論。民主政治意味法律的地位至高無上，如果不是這樣，政府官吏將是不負責任和恣意武斷的暴君，而法官則是前後不一、反覆無常的卡迪（Cadis）❶。民主政府的兩大支柱是法律至上與預算控制。❷

法律的地位至高無上，意味任何法官或行政官吏都無權干涉任何個人的事務或情況，除非有某條有效的法律要求他、或授權他這麼作。法無明文者不罰（*Nulla poena sine lege*），除非法律有規定，否則不能處罰。正是因爲納粹沒有能力理解這個民主根本原則的重要性，所以他們才被稱爲反民主。在希特勒極權統治下的德國，法官必須根據人民健全的感覺（*das gesunde Volksempfinden*）做出判決。然而，由於法官本人必須決定什麼是人民健全的感覺，所以當坐上法庭時，他就像原始小部落的酋長那樣擁有至高無上的權力。

某個歹徒如果因某條法律的漏洞而躲過懲罰，無疑會讓人覺得不平，但，和司法的任意性相比，這不平還是一個比較小的禍害。如果立法者確認法律不夠周延，他們能夠將法律修訂得更爲完善。他們是擁有主權的人民所委託的人；他們是至高無上的受託者，必須對選民負責。如果選民不贊同他們的立法代表所採用的辦法，他們肯定會在下一次選舉，選出其他更知道如何行動以順應多數選民意志的人，擔當立法任務。

在行政權方面，情況也是一樣。在這方面，也是唯有兩個選項可供選擇：或者是專制的官員任意的統治，或者是以守法爲準繩而實施的人民統治，別無其他選擇。有些人很會說漂亮的門面話，把統治者可以自由地做任何自以爲最有利於公益之事的政府稱爲福利國（*welfare state*），並拿來和行政權須受法律約束，而公民則能夠在法庭上維護自己的權利，免受行政當局非法侵害的政府相對照。這個所謂福利國其實是統治者獨裁專制。（附帶一提：我們必須知道，即便是獨裁專制的政府，如果不想退化成各地方政治首領彼此不合的混亂政權，乃至崩解爲無數小獨裁專制國家，就不能沒有各種管制規定和官僚指令。）憲政國家也是以公眾福祉（或公益）爲目的，它有

❶ 譯者注：Cadi指回教國家的下級法官。

❷ 這不是民主政府的一個定義，而是民主政府之行政方法的一個描述。民主政府的定義是：一種統治制度，在這種制度下，受統治的人民能夠直接透過公民投票、或間接透過選舉，決定立法權和行政權的行使，以及選擇最高行政長官。

別於專制國家的特徵，在於有權決定什麼最有利於公益的，是合法選出的人民代表，而不是行政當局。唯有這樣的憲政制度，讓人民擁有主權，確保人民自決的權利。在這個制度下，公民不僅在選舉日享有主權，而且在兩個選舉日之間也同樣如此。

在民主國家，行政權不僅受法律約束，也受預算約束。民主的控制是預算的控制，人民的代表掌管國庫的鑰匙，如果國會沒同意，任何一分錢都不許花。把公款花在任何尚未獲得國會撥款的項目上，是違法的。

在民主下，官僚管理意味嚴格遵守法律與預算的管理。行政人員和法官沒有資格過問，爲了公眾福祉該做些什麼，或公款該怎麼花。這是擁有主權的人民和他們的代表要決定的事。法庭、各個行政機關、陸軍和海軍，執行法律與預算命令他們做的事。決定政策的，是擁有主權的人民，而不是他們。

暴君、專制君主、獨裁者大多真誠地相信，他們的統治有利於人民，他們的政府是民享的政府（government *for the people*）。這裡毋須探究希特勒、史達林和佛朗哥（Franco）等人的這種主張是否可以成立。無論如何，他們的統治方式既不是民有的政府（government *of the people*），也不是民治的政府（government *by the people*）。他們的統治方式不是民主政治，而是獨裁專制。

上面斷言，官僚管理是民主政府一個必不可少的工具。這個主張看似矛盾，確實有許多人不贊同。他們習慣於認爲，民主政府是最好的統治方式，而官僚管理卻是一個最大的禍害，這兩件事，一個是好的，另一個是不好的，怎麼可能湊在一起呢？

再說，美國是一個歷史悠久的民主國家，而關於官僚制危險的言論，在這個國家卻是最近才有的事。直到最近幾年，人們才注意到官僚制的危害，認爲官僚制不是民主政府的一個工具，反而是自由與民主最惡劣的敵人。

針對這些異議，我們必須再次強調，官僚制本身無所謂好壞，它是一個管理辦法，能用在若干活動領域處理人事問題。有一個必須使用官僚管理辦法才能加以操控的活動領域，亦即，操控政府機構的活動，官僚管理辦法非要不可。許多人如今視爲禍害的現象，其實並非官僚制本身，而是官僚管理辦法擴大了應用範圍。而官僚管理辦法之所以擴大應用範圍，則是愈來愈限制公民的個人自由不可避免的後果，亦即，是當今本質傾向以政府管制，取代私人開創進取的經濟與社會政策，所必然導致的後果。許多人責怪官僚制，但眞正讓他們覺得不舒服的，其實是各種要讓美國成爲社會主義極權國家的政治運動。

美國一直都有官僚制。負責海關和外交事務的行政機關，向來都按照官僚制原則執行其業務。我們這個時代的特色，是政府對私人企業和其他許多公民事項擴大干預範圍，這就導致官僚管理制愈來愈取代利潤管理制。

三、官僚管理制的基本特徵

律師、哲學家、政治家從另一個不同於本書的觀點看待法律至上的原則。從他們的觀點看來，法律的主要作用，是限制行政當局和法庭的權力，以免它們加害於公民個人或限制他的自由。如果人民立法將關押人，甚至殺人的權力，指派給某個司法或行政機關，那就必須限制和清楚規定這個權力的行使範圍，否則行政人員或法官將變成不負責任的暴君。法律確定法官在什麼情況下應該有權利和責任判刑，以及警察在什麼情況下應該有權利開槍。法律保護人民免於掌權者的恣意加害。

本書的觀點稍微不同。這裡把官僚制當成一個行政技術與組織的原則加以處理，認爲各種規則與規例，不僅是保護人民安全和保障公民權利與自由的措施，而且更是讓最高權威的意志得以遂行的措施。每一個組織都需要限制所屬人員自由裁量的範圍，如果沒有這樣的限制，任何組織都將崩解。這裡的任務是以商業管理制作爲對照，研究官僚管理制的特點。

官僚管理制是必須遵守上級權威單位所訂之詳細規則與規例的管理制；官僚的任務是執行這些規則與規例命令他去做的事。他臨事竭盡所知斟酌處理的權力，嚴重受到這些規則與規例的限制。

商業管理制或利潤管理制是利潤動機所指導的管理制；商業管理制的目標是獲取利潤。由於成功獲利或失敗虧損，不管是就整個企業、或是就企業的任何部分而言，使用現代會計方法都能夠予以核實，所以即使將管理的權力和責任分散到企業的各個部分，也不至危害企業運營的統一性和獲利可能性。簡言之，在商業管理制下，管理權責能夠劃分，除了要求他們遵守所有商業活動的根本原則，亦即，使他們的運營活動獲利，不需要以任何規則或規例，限制下屬單位主管遇事自由斟酌裁量的權力。

公共行政的目標不能用金錢衡量，也無法用會計方法核實是否達成。且以某個像美國聯邦調查局這樣的全國性警察系統爲例，沒有可用的衡量標準，能夠確定任何區域或地方警察局花費是否過多。警察局的支出並非只要其管理成功就可獲得返還，而且這種支出的增減和所達成的績效之間並不存在比例關係。如果警政系統的首腦眞的讓他屬下的地方警察局長自由斟酌怎樣花錢，結果肯定是警政成本大幅增加，因爲每一個地方警察局長，都將狂熱地想要盡可能提升他那個單位的服務成績。如此一來，警政首腦將無法把警政支出控制在人民代表所分配的撥款額度內，或控制在任何額度內。絕不是因爲本質一絲不苟、吹毛求疵，所以警政法規才規定每一個地方警察局在處所清潔、辦公桌椅維修、照明和暖氣，等等方面能夠各花多少錢。這些事情，換作是在營利事業內，能夠毫不猶豫地授權給地方負責的經理斟酌決定。他肯定不會花不必要花的錢，因為這錢，可以說是他的錢；如果他浪費企業的錢，他就是在危害他所負責單位的利潤，從而間接傷害他自己的利益。但，政府機構地方首長的處境，完全是另外一回事。地方首長如果可以花更多的錢，至少往往能夠提升他所負責單位的績效，所以，益發必須以嚴格的規例迫使他節約花費。

在公共行政領域，收入和支出之間沒有關聯。公共服務只是花錢；從特殊來源（例如，政府出版局販賣印刷品）所獲得的那一丁點收入，大致上是意外的收入。關稅和課稅的收入並不是由行政機關「生產」出來的，這收入的來源是法律，而不是海關工作人員和稅務人員的努力。A地區居民比較富有、繳納比其他地區居民更多的國稅，並非A地區國稅局人員付出比較多的辛勞所致。稅務人員處理一份所得稅申報表所需花費的時間與精力，和申報表所涉及的應稅所得金額，兩者之間沒有比例關係。

在公共行政領域，工作成就沒有市場價格，因此，不得不按照一些和利潤動機指導下所採用的完全不同的原則來操作公務機關。

現在我們終於能夠給官僚管理制下一個定義：官僚管理制是用來處理其結果在市場上沒有現金價值的行政事務的方法。請記住：我們不是說公共事務如果處理成功沒有價值，而是說，這價值不可能透過市場交易來顯現，從而不可能以金額多少來表示。

如果我們比較兩個國家，譬如，亞特蘭提斯（Atlantis）和都樂（Thule）的情況，我們能確定它們每一國許多重要的統計數：領土面積與人口數、出生率與死亡率、文盲比率、犯罪率，以及其他許多人口統計的數據。我們能確定它們每一國所有公民的貨幣收入總額、每年國內生產結果的貨幣價值、進出口產品的貨幣價值，以及其他許多經濟數據，但，我們無法把任何數值歸屬於它們的政府和行政體系。那並不表示我們否定優良政府的重要性或價值，而只表示沒有衡量標準能夠確定政府和行政體系的價值。換言之，它們的價值無法以數字表達。

在亞特蘭提斯，最有價值的事物，很有可能是它那優良的政府體系。亞特蘭提斯之所以繁榮興盛，很有可能是拜它的憲政與行政制度所賜。但，我們無法按照其他事物——譬如，工資率或牛奶價格——的比較方式，比較亞特蘭提斯和都樂的憲政與行政制度。

官僚管理制是用來管理某些特定事務的制度，這些事務的特徵在於其處理結果無法用經濟計算加以審查。

四、官僚管理制的關鍵

普通公民比較官僚機構的行事作風，和他較熟悉的營利事業運作模式，他於是發現官僚管理模式浪費、沒效率、緩慢、繁文縟節，需要填寫無數的表格與符合無數的規例。他完全無法理解，通情達理的人怎麼能容許如此讓人厭煩的辦事方式繼續存在。爲什麼不採取私人企業那種久經考驗的有效辦法呢？

然而，這樣的批評並不合理。他們誤解公共行政機關的專屬特性，沒注意到政府和以營利爲目的的私人企業兩者之間的根本差異。他們視爲行政機構管理模式之缺失與過錯的，其實是該管理模式必要的性質。行政機構不是營利事業單位，它無法使用任何經濟計算；它必須解決企業管理不會遇到的問題，根本不可能按照私人企業的運作模式，重新打造行政機構的管理制度，以提升其效能。拿政府部門和必須服從市場因素交互作用引導的企業運作模式相比，據以判斷政府部門的效率，是一個錯誤。

當然，每一個國家的公共行政都會有一些令每一位觀察家怵目驚心的顯著缺失，公務機關管理不善的程度有時候會讓人瞠目結舌。但，如果認眞探索這些缺失的根源，往往會發現它們並非單純是該受懲罰的人爲過失、或能力不足的結果。有時候甚至會發現，它們是特殊的政治與制度考量的結果，或者說，是因爲找不到更爲妥善處理某一問題的辦法，而不得不接受的一個與問題共存的妥協安排。所有相關的難題經過一番詳細檢視後，很可能會讓眞誠的審查者相信，在給定的政治角力概況下，他自己肯定也不知道，以哪一種方式處理問題比較不會引人非議。

有人主張任命企業家主管各個行政部門，以改革官僚體系，這種主張是沒用的。企業家的身分並非企業家個人固有的品性，而是他在市場社會的框架中所占據的那個位置固有的性質。一個奉命主持某個政府機構的前企業家，在任期中，不再是一個企業家，而是一個官僚。他的目標不再可能是利潤，而是遵照行政規則與規例辦事。作爲某個政府機構的主管，他也許有權改變一些次要的規則和機構內部的一些程序事宜，但，該機構的運作環境，仍然是由超出他權力範圍的一些規則與規例所決定的。

有一個頗爲普遍的錯覺，認爲管理工程師和他們的科學管理方法能夠改善政府機構的效率。然而，此等構想其實源自對公民政府的目標有一根本的誤解。

像任何工程設計那樣，管理工程的設計也是以能夠使用某一計算方法爲前提。在營利事業方面，有這樣的方法，在這裡，損益報告表的權威，誰也無法挑戰。官僚管理制的問題，恰恰是沒有計算損益的方法。

在營利事業方面，管理工程師的工作目標顯然取決於利潤至上的動機。他的任務是降低產品成本但不損害產品的市場價值，或降低產品成本幅度大於所招致的市場價值降低，或提高產品市場價值幅度大於所需的成本增加。但，在政府方面，其工作成果，因爲不能買賣，沒有市場價格。

且讓我們思考三個例子。

某一警察局，負責保護某一國防工廠避免遭人滲透破壞，派遣三十名巡警執行此一任務。負責的警察局長，毋須任何效率專家提供意見，便知道如果執行警衛的巡警減爲二十名，他能省下一些錢。但，問題是：省下的錢是否比工廠的風險增加更爲重要？某些關係重大的事情瀕臨危險：國家安全、軍隊與平民的士氣、外交方面的影響、工廠裡許多正直工人的性命。所有這些有價值的事物，都無法以金錢來衡量其價值。這判斷孰輕孰重的責任，完全著落在分配所需撥款的國會和政府的行政部門頭上。他們不能讓某個不用負責的顧問做決定，以此規避他們該負的責任。

國稅局的一個任務是最終決定應繳的稅額，它的責任是解釋和適用稅法。這並非只是文書工作；它是某種司法功能。任何納稅人，如果反對國稅局對稅法的解釋，都可以在某個聯邦法庭提起訴訟，要求返還已繳納的稅款。對於如此這般的稅務處理，揮舞著工時與動作研究（time and motion studies）大旗的效率工程師能有什麼用處呢？他的碼錶不適合出現在官僚機構的辦公室裡。很明顯，其他情況相同下，一個動作比較快的文書人員，和另一個動作比較慢的相比，是一個比較可取的雇員，但，主要的問題是工作成果的品質。只有經驗豐富的資深文書人員，才能夠適當評價他們的助手的工作成效，知性工作無法用機械裝置來衡量和評價。

最後讓我們思考一個既沒有「高等的」政治問題需要費心，也不涉及正確適用法律問題的例子。某個官僚單位負責採購辦公室文書作業所需的一切用品，這是一個相對簡單的任務，但，它絕不是一件機械性的工作。該單位最佳的職員應當不是一小時內填寫完最多採購單的人。最佳的採購工作表現，應當是以最便宜的價格買到最適合辦公室使用的文具。

所以，就政府機關的管理而言，聲稱所謂工時研究、動作研究和其他科學管理的工具「相當精確地顯示每一個可行的工作方法，需要花費多少時間和精力」，因此「能夠顯示哪一個可行的工作方法或程序，所需花費的時間和精力最少」[3]云云，其實並不妥當。所有這些科學管理工具的成果，可說一點用處也無，因爲它們和工作成果的品質沒有任何對等關聯。單單測量速度，測不到知性工作的本質。我們不能根據某醫生看一個病人所用掉的時間，來「測量」該醫生。我們也不能根據某法官判決一

❸ J. M. Juran, *Bureaucracy, A Challenge to Better Management* (New York, 1944), p. 75.

個案件所需用掉的時間，來「測量」該法官。

假設某個商人製造某種打算出口到外國的商品，他熱切想降低生產該商品的各個組成部分所需花費的人力時數。但，商品運送到國外所需的許可證，並不是商品的一部分。就製發許可證一事而言，政府對於商品的生產、行銷和運送，絲毫沒有貢獻。製發許可證的政府機構不是一個作坊，爲商品的最後加工處理，生產所需的某種零件。政府所以規定商品須獲得核發許可證才可出口，其目的是要限制出口貿易。政府要減少總出口量，或減少它所不喜的出口商的出口量，或減少賣給它所不喜的國外買者的數量。出口許可證的製發，不是政府的目的，而是達成目的的一個技術性設計。就政府的觀點而言，許可證申請遭到拒絕，或甚至許可證沒人來申請，要比許可證迅速製發更爲重要。因此，對政府來說，並不合適拿「每一張許可證所花費的總人力時數」作爲考核許可證製發單位績效的標準。一點也不適合「以流水線加工作業的模式爲基礎……完成許可證的處理作業」。[4]

還有其他不同的地方。如果在商品的製造過程中，有某一件遭到毀損或遺失，結果是生產成本僅會有某一確切數量的增加。但，如果許可證的申請書在相關局處裡遺失，則某個公民可能蒙受嚴重乃至無法估量的損害。法律可能阻止受害者控告該政府局處請求賠償。儘管如此，基於無法規避的政治與道義責任，政府還是應該非常謹愼處理許可證的申請。

政府事務的處理不同於工業製造過程，好比起訴、定罪和判處殺人犯應受的懲罰，不同於種植玉米或製造鞋子。政府效率和工業效率是完全不同的事情。一座工廠的管理不可能因模仿某個警察部門而獲得改善，而某個稅捐稽徵處也不可能因採用某一汽車工廠的方法而變得更有效率。高舉政府局處機關作爲產業管理模式的列寧，可以說錯得離譜。但，那些想使官僚機構的管理變成等於工廠管理的人，不見得錯得比較不嚴重。

政府行政確實有許多需要改革之處。當然，人的所有制度都必須一次又一次重新調整，以適應情況的變化。但，無論如何改革，絕不可能把政府機關改造成某種私營企業。政府不是以利潤爲目標的企業，政府事務處理的優劣，不可能用損益報告表予以判定；政府事務處理的成就，不能用金額多少給予評價。這一點是研究任何官僚制問題時，必須注意的根本關鍵。

---

❹ J. M. Juran，前引著作，pp.37, 76。

五、官僚制的人事管理

官僚和非官僚的差別，就在於前者在一個無法以金額多少，評價個人努力成果的領域裡工作。國家花錢維護官僚的辦公處所、支付官僚的薪水與工資，以及購買官僚辦公所需的一切設備和材料。但，國家從這些花費獲得的回報——官僚所提供的服務，或者說，官僚的「產出」——不管是多麼重要、或多麼有價值，都無法以金額多少給予評價。這回報的評價高低，端視政府的裁量而定。

沒錯，各式各樣在市場上買賣的商品，其評價高低也同樣倚賴恣意裁量，亦即，倚賴消費者的裁量。但，消費者是一個龐大的、包含許多不同個人的群體，一個無名與無定形的集合，他們所做出的判斷凝結爲一個與個人無關的現象——市場價格，於是脫離其恣意任性的根源。再說，市場價格指涉商品與服務本身，並不指涉商品與服務的生產者或提供者。在追求利潤的商業世界，賣者與買者之間的關係，而雇主和雇員之間的關係也一樣，宛如是純粹與個人情感無關的客觀事實。這關係是一筆雙方都從中獲益的交易，他們互相對彼此的生活提供幫助。但，官僚機構的情況與此不同，在那裡，上司與下屬之間的關係是帶有個人情感的，下屬的境遇好壞，端視他的上司認爲他的個性如何，而不是他的工作成果如何而定。只要下屬還有不錯的機會在私人企業找到工作（從而有所憑藉，抗拒上司的恣意武斷），下屬對上司的這種倚賴便不會如此具有壓迫性，乃至在下屬的性格上留下全面的烙印。但，在目前普遍官僚化的趨勢下，下屬愈來愈沒有機會保持獨立的個性。

美國社會直到數年前，並沒把官僚當成一種特殊類型的人。美國一直都有政府機構，而這種機構必然總是按官僚制模式運作。但，並沒有多少美國人認爲，在政府部門裡工作是他們人生唯一的天職，人員在政府部門和私營企業之間不斷流動。在公務員相關條例的規定下，公共服務成爲一種正規職業。公職人員的任用以考試爲依據，不再取決於申請者的政黨關係。許多人終身從事公職，但，他們保有他們自己獨立的個性，因爲他們實際上總是能夠考慮是否返回私人企業工作。

歐洲大陸的情況和美國不同，那裡的官僚早已形成了一個嚴密整合的團體。只有極少數非常優秀的人，才有實際的機會返回非公職生活，大多數官僚終身只能待在政府機關裡。由於長期脫離營利事業世界，他們發展出一種特別屬於他們那個圈子的性格。他們的見識範圍僅限於政府機構的官階等級和相關的規則與規例，命運則完全仰賴上級的寵愛。即使不在上班時間，他們也必須服從上級或明或暗的指示。他們知道，上級要求他們私人的活動，甚至他們配偶的活動，也必須和他們的職位尊嚴相稱，同時也必須和某種——不成文的——特別適用於公務員或官員（*Staatsbeamter* or *fonctionnaire*）的行爲守則相稱。他們還知道，上級期待他們見風使舵、永遠擁護任何湊巧在位的內閣大臣的政治觀點。無論如何，他們選擇支持任何反對黨的自由顯著受限。

出現一大群這樣倚賴政府的人，對於憲政制度的長期健全而言，是一個嚴重威脅。因此，有人做了一些努力，嘗試保護政府文職人員免於上級的恣意壓迫。但，唯一的成果是公務員的紀律鬆弛了，而鬆懈職務的情形也愈見普遍。

在官僚制方面，美國是一個新手，所積累的經驗遠少於法國、德國、奧地利和俄國等經典官僚制國家。美國人現在仍普遍傾向高估公務員管理條例的效用，此等條例要求公職申請人，須爲一定的年齡、須從某些學校畢業，以及須通過某些考試。晉升至較高等級的職務和較高薪水，須經歷一定年數的較低等級職務，而且須通過升等考試。很明顯，所有此等要求都指涉一些或多或少屬於表面的東西。這裡毋須特別強調，上學、考試和較低等級職務經歷若干年，並不必然使任何人取得所需能力、足以擔任較高等級的職務。這套挑選系統有時候確實能攔阻某個最能幹的人擔任最適合他的職務，卻永遠杜絕不了完全不適任的人獲得任命。但，它所產生的最壞效果，無疑是使公職人員主要關心這些人事管理條例，和其他一些程序規定，忘了他們的工作是盡可能完善執行經指派的任務。

在安排妥適的公職體系裡，晉升至較高等級，主要靠年資。政府各局處的主管大多是資深老手，他們知道自己沒過幾年就要退休了。他們在低階職位度過了大半人生，已經喪失了活力和開創進取的精神。他們迴避一切創新與進步，而把任何改革計畫視爲對他們歲月靜好的干擾。他們僵硬保守的心態，讓任何內閣大臣調整公共服務體系，以適應情況變化的一切努力遭到挫敗。他們看不起內閣大臣，認爲只是沒有經驗的門外漢。在所有官僚體系已經安定下來的國家，人們向來說：內閣來了又走，但政府各局處依舊巍然不動。

如果認爲歐洲官僚體系的缺失，是因爲官僚人員在知性與德行方面有所不足的緣故，那就錯了。在所有這些國家，有許多門風與家教俱優的世家子弟選擇官僚生涯，因爲他們眞的志在服務他們的國家。聰明的窮人家小孩，如果要在人生的旅程中達到比較好的身分地位，最理想的一個躍升途徑是加入公務員行列。歐洲許多最有才華也最高尚的知識分子在政府機關裡任職。除了職業軍官和最古老且最富有的貴族家庭成員，政府文職人員的聲望和社會地位遠遠高於其他任何類別的人群。

許多公務員發表卓越的專門論文，探討行政法規和統計問題。有一些公務員在公餘時間是傑出的文藝作家或音樂家。另外一些公務員進入政治領域，成爲聞名的政黨黨魁。當然，絕大多數官僚是相當平庸的人，但，無可置疑，在政府雇員的隊伍中，確實能找到爲數不少的能人。

歐洲官僚體系的失敗，無疑不是官僚人員能力不足所致，而是任何公共事務的管理體制無可避免的弱點，所導致的結果。欠缺衡量標準、不能以某種無可置疑的方式確定任何公務員職務執行的成敗，造成了許多無解的問題。這種標準的欠缺，抹煞了公務員向上的雄心，摧毀了他開創進取的豪情，並讓他完全沒有誘因想要比最低要求做得更多，反而使他專注於上級的指示，忽略問題的實質和眞正的成功。

第三章　公有企業的官僚管理制

一、政府全面控制之不切實際

社會主義，亦即，一切經濟活動完全由政府控制，並不可行，因爲任何實施社會主義的社會，都將欠缺經濟計畫與設計時，必不可少的知性工具：經濟計算。由國家中央政府統一計畫經濟活動的想法，是自相矛盾的。社會主義國的中央生產管理當局，在面對需要解決的問題時，肯定束手無策。它絕不會知道，它所考慮的那些生產項目是否有利，或執行這些項目是否會導致生產手段供給的浪費。社會主義必然導致完全混亂。

對前述眞理的承認，曾遭到馬克思主義高舉的一些禁忌阻止了好幾年。對於社會主義宣傳的成功，馬克思的一個主要貢獻，是迫使人們忌諱研究社會主義社會的經濟問題。在馬克思和其黨徒看來，這種研究是某種虛幻的「烏托邦主義」的標誌。「科學的」社會主義——這是馬克思和恩格斯給他們自己的社會主義所取的品牌名稱——絕不該沉迷於這種無用的研究。科學的社會主義者只須徹底弄明白「社會主義勢必來臨，而且必將人間改造爲極樂世界」這個洞見就夠了。社會主義者絕不該如此荒謬，以致還要追究社會主義體系將如何運作的問題。

社會思想史在十九世紀和二十世紀初期一個最令人驚訝的事實，就是馬克思這個荒謬的禁令竟然被學者嚴格遵守。極少數敢於違抗此禁令的經濟學家遭到漠視，從而很快被人遺忘。直到大約二十五年前，這個禁忌魔咒才被打破。於是，經濟計算在社會主義下絕不可能實現，獲得無可辯駁的證明。

當然，某些頑固的馬克思主義者提出異議。他們雖然不得不承認，經濟計算問題是社會主義最嚴肅的議題，而社會主義者在過去八十餘年狂熱的宣傳運動中，在一些瑣事上浪費時間，完全沒想到社會主義主要的問題是什麼，的確是天大的醜聞。但，他們向他們黨內驚慌的同志保證，很容易找到辦法，妥善解決社會主義計算問題。的確，不管是在俄國，或是在西方國家，都有一些社會主義教授和文人提出一些不同的方案，據說能讓社會主義利用經濟計算。然而，所有這些方案其實完全似是而非，經濟學家不難揭穿它們的謬誤與矛盾。社會主義者儘管無所不用其極地想盡辦法，想要駁斥「在任何社會主義體制下，都不可能進行經濟計算」的證明，結果都徹底失敗。❶

很明顯，社會主義生產體系的管理者，也想在既有的生產要素供給和生產技術允

---

❶ 想更深入了解此一基本問題的讀者，請參閱：Mises, *Socialism, an Economic and Sociological Analysis*, translated by Kahane(New York, 1936), pp.113-122, 131-142, 516-521; Mises, *Nationaloekonomie*(Geneva, 1940), pp. 188-223, 634-645; Hayek, *Collectivist Economic Planning* (London, 1935); Hayek, "Socialist Calculation: The Competitive Solution" (*Economica*, VII, 125-149).

許下，爲社會生產盡可能多與盡可能好的產品。社會主義政府也熱切想將可供使用的生產要素，用於生產那些它認爲最迫切需要的產品，而放棄生產那些它認爲比較不迫切需要的產品。但，由於它不可能進行經濟計算，所以它勢必無法找出，哪些方法用來生產所需產品，最爲經濟或犧牲最小。

俄國和德國的社會主義政府，目前在一個大部分國家仍然堅持市場經濟的世界中運作。因此，它們能夠利用國外市場確立的價格，進行它們的經濟計算。只因它們能參考國外的價格，所以它們才能計算、記帳和計畫。如果每一個國家都採取社會主義，情況就不同了。那時候生產要素將不再有價格，從而經濟計算將無法進行。❷

二、市場經濟裡的公有企業

經濟活動大部分在自由企業管理下進行的國家，其中央或地方政府所擁有和經營的企業，處境和前述俄國與德國社會主義政府的情況類似。對它們來說，要進行經濟計算，也不困難。

我們毋須探索是否能同樣按私人企業所採用的方式，管理這種由各級政府所擁有的企業。反正事實上，有關當局通常傾向於背離利潤管理制。他們不想從達成最大可能利潤的觀點，運營他們的企業，而認爲完成其他任務更爲重要。爲了達成其他目的，他們準備放棄利潤、或至少一部分利潤、甚或接受虧損。

無論想達成的目標是什麼，這種政策的結果總是等於補貼某些人，而加重其他人的負擔。如果政府所擁有的某一企業經營發生虧損，或只獲得完全按照利潤動機經營時可能獲得的利潤的一部分，則這虧損或少賺的部分就會影響政府預算，從而影響納稅人。例如，如果市政府所擁有的某一捷運系統，對乘客收取如此低的乘車費，以致營運成本無法收回，則納稅人實質上是在補貼那些搭乘捷運系統的人。

但，我們在一本討論官僚制問題的書裡，毋須爲這些財務方面的問題費心。從我們的觀點來看，有另外的一個結果需要考量。

一旦某個事業不再按照利潤動機經營，其業務處理就必須採用其他一些原則。市政當局不能僅指示該事業的管理者：不用管利潤。他們必須給他一些更明確的命令，這些命令可能是什麼種類的呢？

對於這個問題，擁護國營和市營企業的人往往會隨口說出這個相當天眞的回答：

---

❷ Mises, *Omnipotent Government* (New Haven, 1944), pp.55-58.

公有企業的責任是給社會提供有用的服務。但，眞正的問題沒這樣簡單。每一個事業唯一的任務，就是提供有用的服務，但，什麼是有用的服務？在公有企業的場合，由誰來決定服務是否有用？而且更爲重要的問題是：我們如何發現所提供的服務A是否代價過於高昂？亦即，該項服務A所用掉的生產要素B，是不是取自其他某些用途，而在這些其他用途上，B能提供比服務A更爲有價值的服務？

在私人營利企業的場合，這個問題由公眾的態度決定。所提供的服務確實有用的證明，是人數足夠多的公民準備支付服務的要價。無庸置疑，顧客認爲麵包店所提供的服務有用，他們準備支付麵包的要價。在這個價格下，麵包的生產傾向擴大，直到需求飽和，亦即，直到進一步擴產，將從消費者需求更爲強烈的產品生產部門，取走所需的生產要素。私人企業拿利潤動機作爲行動指南針，時時調整生產活動配合公眾的慾望。利潤動機促使每一個企業家完成消費者認爲最迫切的那些服務，市場價格結構告訴他們，可以自由在每一個生產部門投資到什麼地步。

但，如果某一公有企業的運營方針不顧有無利潤，公眾的行爲就不再是一個判定其服務是否有用的標準。如果政府或市政當局決心讓該公有企業繼續營運，儘管其營運成本，事實上沒自顧客所支付的款項獲得彌補，那麼，可以從哪裡找來一個判定其所提供的服務確實有用的標準呢？我們如何才能確定提供這些服務所招致的虧損還不是太多呢？還有，如何發現這虧損能否在不損害服務的價值下予以削減呢？

私人企業如果營運一直招致虧損，又找不到未來擺脫虧損的辦法，便注定消滅。它無法獲利，證明消費者事實上不允許它存在。就私人企業而言，沒辦法抗拒公眾的這種判決，還繼續營運。招致虧損的工廠，其管理者也許能說明虧損的理由，爲虧損辯解，但這種辯解是沒用的；它們無法阻止失敗的生產項目最終遭到拋棄。

在公有企業的場合，情況不同。這裡不認爲出現虧損是營運失敗的證明，管理者毋須爲虧損負責。是他的老闆，亦即，政府，要他按這麼低的價格提供服務，以致虧損不可避免。但，政府要是只干預售價的訂定，而將其他一切事務讓管理者自行決定，那就等於讓他擁有動用公庫資金完全不受限制的權力。

有一點很重要，必須知道：這裡的問題完全無關是否有必要防止管理者違法濫權。我們假定政府或市政當局任命了一個才德兼備的管理者，而且該國或該市的道德風氣，以及相關公有事業的組織，對於任何嚴重的瀆職舞弊有很好的克制作用。這裡的問題完全不同，它源自這個事實：只要增加支出，每一種服務的品質都能提升。一家醫院、一個捷運系統，或一座自來水工廠，不管其服務是多麼優越，只要所需的資金供應沒問題，其管理者總是知道如何進一步提升服務品質。人的任何需求領域，滿足絕不可能達到如此飽和，以致沒有進一步提高的可能性。凡是專家都只致力於在其特殊領域提高需求滿足的程度，他們不會、也不可能關心，委託他們管理的工廠如果擴張，勢將阻礙其他種類需求的滿足。市醫院院長的責任，不是惟恐市醫院效能的提升，勢將妨礙捷運系統的改善，而放棄提升市醫院效能，反之亦然。正是才德兼備的管理者，才努力要使他受託管理的單位能提供盡善盡美的服務。但，由於他毋須顧慮他自己所追求的目標財務上是否成功，所以其目標追求所招致的成本，往往會給公共財庫帶來沉重的負擔。他將在某種程度上，成爲一個不負責任花用公款的人。由於這種事不可容忍，所以政府必然會關注公有企業管理的許多細節。它必然會精確規定公有企業所提供的服務與所販賣的商品的品質和數量；它必然會頒布詳細的指示，以規範物質類生產要素如何採購，以及人員如何聘用和薪資給付標準。由於損益會計不被認爲是判定公有企業管理成敗的標準，唯一使管理者對其老闆——或者說，國庫——負責的辦法，是以各種規則與規例約束管理者的自由裁量權。如果管理者相信花掉比原來的指示所允許的更多錢是划算的，他就必須先向政府當局申請一筆特別的資金分配。在這種場合，決定權在於他的老闆，亦即，在於政府或市政當局。無論如何，這樣的管理者不是一名營利企業主管，而是一名官僚，亦即，一名必須遵守政府各種指示的官員。就公有企業而言，判定優良管理的標準不是獲得顧客的贊同、從而導致一筆收入大於成本的餘額，而是嚴格服從某一組官僚管理規則。公有企業管理的最高規則，就是服從這一組官僚管理規則。

當然，政府或市議會很想擬訂適當的規則與規例，好讓公有企業所提供的服務，變得如他們所希望的那樣有用，而所招致的虧損，不至超過他們所願承受的範圍。但，這並不會改變公有企業業務處理的官僚本質。公有企業的管理必須遵守上司頒發的一套指令，這才是關鍵。從該套指令的觀點來看，如果管理者的行爲是正當的，管理者就不用負責。管理者的主要任務，不可能是效率本身，而是服從上司指示之後的效率。他所站的位置不是營利企業單位主管的那種位置，而是公務員的那種位置，譬如，警察單位的主管。

營利事業的利潤管理制之外，唯一的選項是官僚管理制。授權給任何人或某一群人自由動用公款的權力，是完全不可行的。如果不想讓國有或市有事業單位的管理者變成不負責任花用公款的人，如果不想讓他們搞亂政府整個預算，那就必須以官僚管理的辦法抑制他們的權力。

第四章　私人企業的官僚管理制

一、政府干預與利潤動機受損如何驅動私人企業官僚化

私人企業，如果以獲取利潤為其運營的唯一目標，絕不至於淪落到採用官僚管理辦法的地步。前面已經指出，在利潤動機下，每一個實業團體，無論其規模多大，都能夠按某一方式，組織它的整體運營和它的每一部分運營，讓資本主義追求利潤的精神，從上到下滲透整個實業團體。

但，我們這個時代是一個普遍攻擊利潤動機的時代，輿論譴責利潤動機，認為該動機非常不道德，並且非常有害公共利益。各個政黨和政府都很想剷除它，很想以他們稱為「服務」的觀點，而實際上則是官僚管理的辦法取代它。

我們毋須詳細討論納粹在這方面的成就，納粹已經成功將利潤動機從實業運營領域完全剷除。在納粹德國，不再有任何自由企業，那裡不再有企業家，所有前企業家都已經降格成為*Betriebsführer*（商店管理員）。他們不能自由運營他們的企業；他們必須絕對服從中央生產管理局和其下屬各地方分局的命令。政府不僅決定企業該支付與該要求多少價格和利率、工資和薪水多高、生產數量多少，和生產採用什麼方法；它還發給每一個商店管理員一定金額的收入，於是實質上把企業家變成一名領薪水的公務員。納粹的這個體系，除了使用一些相同的名稱，其實和資本

主義或市場經濟沒有任何共同之處，它純粹是德國模式的社會主義——統制經濟（*Zwangswirschaft or State-controlled Economy*）。它和俄國以徹底國有化所有工廠爲手段所實施的社會主義模式，只在實施技術上有所不同。當然，和俄國的社會主義體系一樣，它也是一種純粹專制獨裁的社會組織模式。

在世界其他國家，事態還沒走到這步田地。在盎格魯撒克遜國家，現在仍然有私人企業。但，我們這個時代的一般趨勢，是讓政府干預私人企業，而這種干預，在許多實例裡，迫使私人企業採用官僚管理辦法。

二、干預利潤水準

爲了限制企業自由賺取利潤，政府可能運用各式各樣的辦法。最常見的辦法是：

1. 某一特殊種類的企業可以賺得的利潤受到限制。超過限額的利潤，或者須交給有關當局（譬如，市政府），或者須作爲獎金分發給雇員，或者須降低向顧客收取的費率或價格。

2. 有關當局自由決定企業有權爲所售出的商品或所提供的服務，收取多高的價格或費率。當局利用此權力防止所謂的超額利潤。

3. 企業不得爲所售出的商品和所提供的服務，收取超過其實際成本加上某一由當局決定的數目；此一額外的數目，或者是成本的某一百分比，或者是某一固定的服務費。

4. 企業可以賺得市場情況所允許的最高利潤，但政府課稅拿走所有利潤，或一定數額以上的大部分利潤。

所有這些實例的共同點是，企業對於提高利潤不再感興趣。它失去了降低成本，和盡可能有效率與盡可能便宜地完成工作的誘因。但另一方面，所有妨礙企業改善生產過程和降低成本的困難則留了下來。採用新的節省成本的辦法時，所涉及的失敗風險完全著落在企業家身上。抗拒員工要求提高薪水與增加工資時，所涉及的爭執壓力也留給他承擔。

輿論受到社會主義者的虛假論述影響，充斥偏見，輕率地譴責企業家，說企業家的不道德導致企業效率下降。企業家如果像無私的公務員那樣一絲不苟、那樣致力於促進公共福祉，肯定會堅定不移地竭盡所能改善服務效率，儘管他們從中不會獲得自己私人的利潤。是企業家卑鄙的貪婪，在獲利前景受限的情況下，危及企業的運作效率。人，爲什麼不應盡力而爲呢？即使他知道他所完成的最有益於眾人的任務，可能不會給他個人帶來任何好處。

不會有比這樣高舉官僚作爲企業家的榜樣更爲荒謬的事了。官僚不得自由追求改善，他必須遵守上司所確立的規則與規例。如果他的上司不贊同，他便沒有權利進行創新。服從上司是他的責任，也是他的美德。

且讓我們以軍隊的生態爲例。軍隊無疑是最理想和最完美的官僚組織，在大多數國家，指揮軍隊的官員眞誠致力於一個唯一的目標：要讓自己國家的軍隊盡可能有效率。然而，軍隊事務處理的特徵，卻是頑固敵視任何改善的提議。有人曾經說，軍隊的參謀總部總是在爲上一次戰爭作準備，從來沒爲將來的戰爭作準備。每一個新想法，總是會遭到負責管理軍隊者的堅決反對，許多倡議軍隊應該改善進步的人，都嘗過最不愉快的經驗，這裡毋須強調這些眾所周知的事實。

軍隊的生態所以如此不堪的理由很明顯：任何種類的進步，總是和已確立的舊觀念，從而和舊觀念所啓發的處事守則，有所不同。每一步前進的步伐，都是涉及重大風險的改變。只有爲數極少、具有非常罕見之能力的人，有能力規劃新事物和認識新事物可取之處。在資本主義下，創新者可以自由地動手嘗試實現他的一些計畫，儘管大多數人不願意承認這些計畫的優點，只要他成功說服一些通情達理的人借給他所需的啓動資金就夠了。換作是在一個官僚體制下，那就必須先說服那些位居權力頂層的人士，然而這些人通常是早已習慣一切率由舊章的老人，不再聽得進新觀念了。在任何地方，如果凡事須先徵得老人的同意，那就絕無進步與改革的可能。倡議與嘗試新方法的人不僅被視爲叛逆，也被當作叛逆遭到圍剿。對官僚的心靈來說，遵守法紀，或者說，堅持古老的和習慣的作法，是首要的美德。

對一個獲利前景受限的企業負責人說：「你應像一絲不苟的官僚那樣做事」，等於是告訴他應避免對企業進行任何改革。任何人絕不可能是一個正確的官僚，同時又是一個創新者。進步踏足的地方，恰恰是官僚的規則與規例看不到的地方；進步必然是在官僚活動範圍之外。

利潤管理制的優點，在於此制讓改善成功有足夠高的獎勵，以此誘使企業家承擔改善失敗的高風險。如果這種獎勵遭到撤銷或嚴重削減，便不可能會有改善。

大企業花費可觀的金額於研究發展，因爲它渴望從新的生產方法獲利。每一個企業家總是時時刻刻尋求改善；他想降低成本或完善他的產品，從而獲利。一般民眾只看到成功的創新，卻沒意識到，有多少企業因爲在嘗試採用新生產方法的過程中，發生失誤而倒閉。

所有那些預期使企業家獲利致富的改善計畫，毋須外人勸說，企業家自然都會加以落實和利用。但，如果不存在利潤的誘因，一味要求企業家動手進行那些改善計畫，將只是白費唇舌。自由的企業主審愼考量所有的利弊得失，並權衡成功相對於失敗的可能性之後，做出決定。他琢磨權衡可能的獲利和可能的損失；獲利也好，損失也罷，增減的都是他自己個人的財富，這一點至關重要。若權衡的是自己損失財富風險相對於政府或他人獲利的機會，那是在從某個非常不同的角度看待這裡的問題。

但，還有一件更爲重要的事情值得一說。不完善或失敗的創新不僅必然減損已投入的資本，它同樣必然減少未來的利潤。這些利潤，如果眞的賺到，大部分會流入國庫，因此，利潤的減少將影響政府的稅收。於是政府將不容許企業主，拿它認爲是它自己的收入去冒險；它將認爲不該讓企業主有權利，拿實質上是政府的錢做賭注，去冒險創新。它因此將限制企業主管理他「私人的」事務的自由，因爲這事務實質上不再是企業家「私人的」，而是政府的事務。

我們已經看到這種政策的苗頭了。在成本加成合約的場合，政府試圖徹底弄明白的事項，不僅有承包商所宣稱的各項成本支出是否屬實，而且還包括它們是否爲合約所允許。政府把每一項實際成本的下降視爲理所當然，但不承認各項，在它的雇員——亦即，官僚——看來，並非必要的支出。結果是這樣的情況：承包商爲了降低生產成本而花了一些錢，如果他成功降低了生產成本，結果是——按照成本加上成本某一百分比的方法——他的利潤遭到削減。如果他沒成功，政府並不會補償他爲了降低生產成本所花掉的那些錢，所以他也一樣吃虧。任何想對傳統生產程序進行改善的嘗試，不管成敗，結果總是對他不利。對他來說，避免懲罰的唯一辦法是，別多事想要去改變什麼。

在課稅方面，各種限制企業薪給的規定，是某種新政策發展的起點。目前，這些規定只對較高的薪給有影響，但，它們不太可能永遠止步於此。一旦人民同意讓國稅局擁有權力宣告某些成本、扣除項目和損失的減稅申報是否正當，則在（薪給之外的）其他成本項目上，企業家的權力也會遭到限制。屆時，企業管理階層在著手進行任何改變之前，必須搞清楚稅務當局是否贊同改變所需的支出。於是，國稅局稽徵人員將變成生產製造方面的最高權威。

三、干預企業人事選擇

政府對私人企業事務的每一種干預都一樣導致災難性的後果，政府的干預癱瘓私人企業開創進取的精神，並助長官僚主義作風。我們不可能探討政府所有的干預方法，討論一個特別可憎的例子就夠了。

即使在十九世紀歐洲自由主義的鼎盛時期，歐洲的私人企業也從來不像私人企業在美國曾經享有的那樣自由。在歐洲大陸，每一家企業，特別是每一家公司企業，總是在許多方面倚賴政府機構在自由裁量時手下留情。政府機構有權力使每一家企業蒙受嚴重損害，爲了避免這種損害，企業管理階層有必要和政府機構的掌權者處好關係。

爲達此目的，最常見的作法是在董事會的組成方面順從政府的意思。甚至在英國，公司的董事會，如果沒有若干位貴族列名其中，會被認爲不像話。在歐洲大陸，尤其是在東歐和南歐，一般公司的董事會充斥前內閣部長、前將軍、政客，和這些社會顯達的堂表兄弟、姻親兄弟、同學以及朋友。這些董事毋須具備任何商業能力或經驗。

這些門外漢列席公司董事會大體上是無害的，他們所做的，不過是領取出席費和分享公司利潤罷了。但，這些社會顯達另外有一些不夠資格擔任公司董事的親戚和朋友，於是，便給他們在公司裡安排了一些領薪水的職位。對公司來說，這些職員比較像是負債而不是資產。

隨著政府干預企業的情況不斷增加，企業變得必須任命一位主管，專門負責克服它和當局之間的各種困難。起初，這職位只是一個負責處理「政府行政相關事宜」的副總經理。後來，擔任總經理和所有副總經理的主要條件，是必須和政府以及主要政黨保持良好關係。最後，保住一名不受政府行政當局、工會和主要政黨歡迎的企業主管，變成是所有公司都消受不起的「奢侈品」。前政府官員、助理部長、內閣各部會的參贊，被認爲是最適合企業主管職位的人選。

企業的這種主管一點也不關心企業長遠的繁榮興盛，他們習慣於官僚管理方式，從而改變了公司的經營模式。如果能夠倚靠政府支持，爲什麼還要爲推出更好與更便宜的產品而操心呢？對他們來說，獲得政府採購合約、更有效的關稅保護，和其他政府優惠，才是正道。於是，爲了獲得這種特別待遇，他們給政黨提供政治獻金，給政府提供宣傳基金，並任用支持當局政策的人作爲公司職員。

德國的大公司企業已經有好長一段時間，不是從商業和技術能力觀點選取職員。機靈和政治上可靠的學生會前成員，往往比有能力的行家，更有機會獲得任用與晉升。

美國的情況目前還和歐洲很不一樣。和其他每一個領域的官僚制發展一樣，在私人企業的官僚化方面，美國也相對「落後」。內政部長伊克斯（Secretary Ickes）說：「凡是大企業，個個都是官僚單位。」[1]這話是否正確，還很難說。但，如果這話是正確的，或者說，在它正確的範圍內，那也不是私人企業自然演化的結果，而是政府干預企業的結果。

四、無限倚賴政府機構的自由裁量

每一個曾有機會熟悉南歐與東歐經濟情況的美國商界人士，都會把他的觀察心得濃縮爲兩點：在這些國家，企業家不關心生產效率，而政府則是掌握在腐敗的派系手中。這個描述大體上正確，只是沒點出：這些國家的產業沒效率和政府腐敗，都是政府用來干預企業的方法所造成的結果。

在這種體制下，政府有無限的權力可以毀掉任何企業，也可以給任何企業提供大量優惠。每一個企業的成功或失敗，完全取決於相關掌權者的自由裁量。如果某位商人碰巧不是某個強大外國的公民，從而得不到他本國駐當地使領館有效的保護，那麼，他的命運便完全要受當地政府和執政黨擺布。他們能夠沒收他所有的財產，並將他下獄。相反的，他們也能夠使他致富。

政府決定關稅和運費的高低，決定發給或拒絕進出口許可證。每一個公民或居民

---

❶ *The New York Times Magazine*, January 16, 1944, p.9. 譯者注：伊克斯（Harold L. Ickes, 1874-1952），1933-1946年美國聯邦內政部長。

都必須按政府訂定的匯率，把外匯收入賣給政府。另一方面，政府是外匯唯一的出售者；它可以隨意拒絕任何人申購外匯。在歐洲，幾乎每一種產品都須倚賴從國外進口設備、機器、原料、半成品；所以，政府拒絕出售外匯，等於宣告相關工廠關閉。並且企業的應納稅額究竟是多少，實際上任由有關當局完全不受限的自由裁量權決定。政府能夠利用任何藉口，沒收任何工廠或商店。國會是統治者手中的傀儡，而法院則布滿聽命判決的法官。

在這種環境中，企業家必須採取兩個辦法：外交與賄賂。這些辦法，他不僅必須對執政黨使用，對一時遭到取締與迫害、但未來有希望執政的反對黨也一樣必須使用。這是一種危險的兩面派作法；在這種腐朽惡臭的氛圍中，只有無所畏懼與肆無忌憚的人才混得下去。那些在比較傾向自由主義的年代成長起來的本國商界人士，不得不選擇離開，而由一批冒險家取代。西歐和美國的企業家，習慣在合法與正當的環境中經營，如果沒有本地代理人提供協助，一定會覺得狼狽不堪。

這種體制當然對生產技術進步沒有多少激勵作用，只有在國外某個廠商願意賒貸所需生產設備時，企業家才會考慮新增投資。某一企業是某個西方國家的某個公司的債務人，被認爲是一種優勢，因爲商界一般期待相關國家的外交官，會出面干涉保護債權人，從而也順帶幫到了債務人。新生產項目只有在政府授予大量獎金，使得投資利潤豐厚可期時，才會著手進行。

如果把這種腐敗情況完全怪罪到政府對企業活動的干預體系本身，或官僚管理制本身，那將是一個錯誤。事實是官僚管理制在道德敗壞的政客手中，退化成爲敲詐勒索的工具。然而，我們必須知道，如果這些國家未曾拋棄自由企業體制，它們原本可以避免這種腐敗的禍害。在這些國家，戰後的經濟重建工作，必須從根本改變它們的政策開始。

第五章　官僚化的社會與政治含義

一、官僚主義者的哲學

在從前爲自由而奮鬥的過程中，人們必然要遇到的那種爭執很簡單，每個人都能理解。一邊是獨裁的暴君和他的支持者，而另一邊則是主張人民統治的人士。當時的政治衝突是各個群體互不相讓，爭取最高統治權的鬥爭。爭執的問題是：該由誰來統治？是我們？還是他們？是少數人？還是多數人？是獨裁的暴君？或是貴族？還是人民？

如今，時髦的邦國崇拜（*Statolatry*）哲學已經把爭執的問題變得很難理解。政治衝突不再被視爲若干群體之間的鬥爭，而是被視爲兩個原則——一個好的原則和另一個不好的原則——之間的戰爭。那個好的原則體現在國家（State）這個偉大的神身上，這尊大神是永恆的道德理念的化身，而那個不好的原則就體現在自私自利之徒「粗獷的個人主義」行止上。❶在這個爭執中，國家永遠是對的，而個人則永遠是錯的。國家代表公共利益、正義、文明和智慧超凡，而個人則是一個卑鄙可憐的傢伙、一個邪惡的笨蛋。

如今，當一個德國人說「國家」，或當一個馬克思主義者說「社會」時，他們心中會敬畏到難以自抑。人怎麼能如此徹底道德敗壞，乃至起身反抗「國家」或「社會」這尊大神？

從前，路易十四很坦率眞誠，他說：「朕即是國家。」現代的國家主義者則比較謙遜，他說：「我是國家的僕人」；但，他這話隱含國家就是神的意思。你能夠對某個波旁王朝的國王造反，而法國人也的確這麼幹了。當然，那是人對人的鬥爭。但，你不能對國家這尊大神，或對他身邊謙遜的僕人——官僚——造反。

且讓我們不要質疑心地善良的官員是否眞誠，他滿腦子都是這個念頭：爲他所崇拜的神奮鬥，打擊一般人的自私行爲，是他的神聖責任。他認爲自己是永恆神聖法律的捍衛者。他不覺得自己在道德上應接受人造的法律的束縛，因爲那是個人主義的捍衛者寫入法典的成文法，而人無法改變眞正的神的法律，亦即，人無法改變「國家」眞正的法律。個別的公民，如果違反了他所在地方的法律，便是應受懲罰的罪犯；他爲了他本人自私的利益而犯下罪行。但，如果某個官員爲了「國家」的利益，而規避人民透過適當程序所頒布的法律，那就是另外一回事了。在「反動的」法庭看來，他可能是在技術上犯下違法的罪行；但，就某一比較高層次的道德意義而言，他是正當

---

❶ 這是對爭執問題的政治解讀。關於流行的經濟解讀，請看本書第七章第三節。

的。他所以違反人造的法律，完全是爲了避免他自己違反某一神聖的法律。

這就是官僚主義哲學的精髓。在官員看來，成文法代表重重的障礙，其設立目的就是要保護惡棍對抗社會公正的要求。爲什麼只因「國家」在起訴某個罪犯的過程中，違反了某些無聊的法定程序，就該讓他逃過懲罰呢？爲什麼只因稅法裡有漏洞，就該讓某人繳納比較少的稅款呢？爲什麼該讓律師，以建議人們如何利用成文法的種種缺陷來謀取利益，作爲他個人的謀生之道呢？政府官員眞心爲了使人民幸福，日夜不懈地努力，然而針對官員這種眞心的努力，成文法卻強加許許多多的枷鎖予以限制，這究竟是何居心呢？但願沒有憲法、人權法案、法律、國會和法庭！沒有報紙！沒有律師！如果「國家」得以自由治療一切弊病，這世界會是多麼美妙呀！

這樣的心態，距離史達林與希特勒的絕對極權主義只差一步。

對這些官僚主義的激進分子，該給的答覆很明顯。公民可以回答說：你們可能是既優秀又高尚的人，遠比我們其他這些公民更好。我們並不質疑你們的能力和你們的智力，但，你們並不是某個稱做「國家」的神的助手，你們是法律的僕人，而這法律是我們人民通過正當程序制定的。對這法律說三道四，不是你們該做的事，更不用說違反它。你們如果違法，不管你們的意圖多麼美好，你們也許要比許多詐騙者更爲可惡。因爲你們所以被任命、被要求發誓，以及被給付薪水，是要來執法的，而不是要來違法的。最壞的法律也比官僚專制好得多。

一個警察和一個綁架者，以及一個稅務員和一個強盜，他們之間的主要區別，在於警察和稅務員遵守並執行法律，而綁架者和強盜則違反法律。廢除了法律，則社會將毀於一片混亂。國家是唯一有權力應用強制與脅迫，對個人施加傷害的機構。這個龐大的國家權力，不能任由某些人自行決定怎麼施行，無論他們自認爲是多麼有能力和多麼聰明。這個權力怎麼施行，必須受到限制，而這就是法律的任務。

官員和下屬官僚不是國家，他們是被挑選來執行法律的人。有人可能批評這些是正統的和教條主義的見解，沒錯，這些的確是在表述古老的智慧。但，除了法治，唯有暴君專制可供選擇。

二、官僚體系的自滿

官員的任務是爲人民服務。他的官位——直接或間接——由立法機構通過某條法律設立，並且由立法機構於政府預算中分配必要的資源給予支持。他執行本國的法律。他以履行他的職責，證明自己是社會裡一個有用的成員，即便他必須執行的那些法律對公共利益有害。因爲該爲法律的缺陷負責的，不是他。該受譴責的，是擁有主權的人民，而不是忠實執行人民意志的人。好比烈酒生產商毋須爲人們喝醉酒負責，所以政府的雇員也毋須爲愚蠢的法律所招致的不幸後果負責。

另一方面，儘管官僚的作爲確實帶來許多好處，那也不表示官僚有什麼特別值得讚揚的功勞。儘管警察部門的工作是如此有效率，以致一般民眾獲得相當好的保障，毋須過分擔心謀殺、搶奪、偷竊，那也不表示民眾就應該對警官，比對其他提供有用服務的同胞，更爲感激。相比於醫生、火車司機員、焊工、水手，或任何有用商品的製造者，警官和消防員並沒有更好的理由，可以主張應該受到民眾感激。相比於路口紅綠燈的製造者，指揮交通的警察並沒有更多自負的理由。他的上司指派他擔任一個每天甚至每小時都在防止意外殺人的職務，從而拯救了許多人的生命，然而這並不表示他有什麼特殊的功勞值得讚揚。

沒錯，社會肯定不能沒有巡警、稅務員和法院書記官所提供的服務。但，同樣沒錯的是，如果沒有清道夫、煙囪清掃工、洗碗工、除蟲人，每個人肯定都會蒙受重大損失。在社會合作的框架裡，每一個人都倚賴所有他的同胞所提供的服務。如果沒有社會分工，讓他們免於必須花費很多時間，親自照料許多生活與工作上的瑣事，偉大的外科醫生和卓越的音樂家，絕不可能將所有他們的時間與精力集中於外科手術和音樂，從而也就不會變成完美的專家。外交大使和燈塔管理員，不會比火車行李搬運工和女清潔工，更有資格使用「社會棟梁」的稱號。因爲，在社會分工下，整個社會結構是架設在所有男男女女的肩膀上。

當然，有一些人，男女都有，以一種利他主義和渾然忘我的心態服務社會。如果沒有一些菁英的英勇作爲和自我犧牲，人類絕不可能達到目前的文明狀態。在人類道德情況改善的道路上，向前邁出的每一步，向來都是一些仁人志士的成就，這些人爲了他們認爲公正和有益的志業，而毫不猶豫犧牲自己的幸福、健康和性命。他們爲所當爲，完全不顧自己是否因此而受害。這些人不是爲了獲得報酬而工作；他們終生獻身於他們的志業。

崇拜邦國的德國玄學家刻意混淆視聽，給所有爲政府工作的人，包裹在這種利他主義與自我犧牲的光環裡。在德國國家至上主義者的著述裡出現的德國公務員，宛如聖人或某種修道的僧人，抛棄一切塵世享樂和一切個人幸福，全心全意竭盡所能，爲上帝的助手——這助手曾經是霍亨索倫氏國王，而現在則是德國元首希特勒——服務。德國的公務員據說並不是爲報酬而工作，因爲薪水無論多高，若是和社會從公務員無私無我的犧牲所獲得的價值不可估量的利益相比，都不能視爲適當的報酬。社會該給公務員的報答，不是薪酬，而是和其官階等級相配的生活所需的費用。把這種生活費稱作薪水，是用詞不當。[2]只有自由主義分子，拘泥於商業主義的成見與謬論，才會使用這種錯誤的名稱。如果德國公務員的「薪水（*Beamtengehalt*）」眞的是平常意義的薪水，則職位最卑微的公務員薪給，應當高於任何沒有政府官階的人，只有這樣才算自然合理。每一個公務員，當他在執行職務時，都是接受國家至高的主權與無瑕的智慧委任的人。在法庭裡，他的證詞當然比平民的證詞更有分量。

這一切當然純屬胡說。事實是：在所有國家，人們所以加入公務員行列，大多是因爲每月薪資和退休金待遇，高於他們可望從其他職業獲得的。爲政府服務，他們一點也不吃虧。對他們來說，公職是他們能找到的最有賺頭的工作。

在歐洲，公職所提供的誘因，不僅在於薪資和退休金的水準不差；許多求職者，也許不是其中最優秀的，被工作輕鬆又有保障吸引過來。和企業裡的工作相比，政府裡的工作通常比較不具急迫性。另外，任用期限是終身制，政府的任何雇員，只有在某種司法審判程序，發現他確實嚴重怠忽職守後，才能予以解雇。在德國、俄國和法國，每年都有好幾千名已完全設定好生涯計畫的男孩，進入最低一級的中等教育課程。他們將取得學位，他們將在許多個政府部門中的某一個求得一份工作，他們將服務三十年或四十年，然後退休領取養老年金。對他們來說，生命不會有任何驚奇和波瀾，一切平淡無奇，而且事先已知。

公職人員的社會名譽在歐洲大陸和在美國的差別，可以用一個例子來說明。在歐洲，社會與政治方面對少數族群的歧視，主要方式是禁止他們參與任何政府的工作，無論職級和薪給多麼卑微。在德國、在奧匈帝國，以及在許多其他國家，所有那些不需要特殊能力或訓練的次要工作——像是服務員、接待員、傳令員、儀仗官、召喚者、信差、警衛等等——按照法律規定，都保留給那些在軍隊服完法律所要求的最低年限兵役後，自願留下來多服務幾年的人。這些工作被認爲是一種非常有價值的獎賞，用來激勵志願者成爲非受命的（noncommissioned）軍隊士官。在人民眼中，在某個政府機關裡擔任打雜的服務員，是一種特權。假使德國有一個階級，其社會地位和美國黑人相當，則這一階級的人絕不會魯莽地申請任何這些工作。他們早已知道，對他們來說，這種抱負不切實際。

---

❷ 參閱Laband, *Das Staatsrecht des Deutschen Reiches* (5th ed. Tübingen, 1911), I. 500.

三、作爲選民的官僚

官僚不僅是政府的一個雇員，在民主憲政下，他同時也是一個選民，從而是最高統治者——他的雇主——的一部分。他處在一個奇特的位置上：他既是雇主，也是雇員。並且，在金錢方面，他作爲雇員的利益遠高於他作爲雇主的利益，因爲他取自公共基金的數目，遠大於他貢獻給該基金的數目。

隨著政府薪資名冊上的人數增加，這種雙重身分變得愈來愈重要。官僚，作爲選民，比較渴望加薪，而比較不在乎維持預算平衡。他主要關注的目標，是提高政府的薪資給付。

德國和法國的政治結構，在它們的民主憲政體制倒塌前的最後幾年，很大的程度上受到這一種事實的影響：有相當大的一部分選民，政府是他們的收入來源。不僅有無數政府和國有化事業單位（例如，鐵路、郵局、電信局、電話局）的雇員，還有失業救濟金和社會安全津貼的領取者，以及農民和其他某些收受政府直接或間接補貼的群體。他們主要關注的目標，是從公共基金獲取更多的錢。他們不關心自由、公正、法治、優良政府這一類「理想的」議題，他們要求更多的錢，如此而已。任何競選國會、省議會或市議會席位的候選人，絕不可能冒險反對公共部門的雇員提高薪資的要求，於是，各個政黨都競相比拚慷慨。

在十九世紀，歐洲民主國家的國會專注於盡可能限制公共支出。但，政府現在若是節約開支，會被視爲卑劣；毫無節制的開銷，被認爲是開明的政策。不管是執政黨，或是反對黨，都努力以豪爽大方的開銷政策爭取民意支持。設立新的官僚機構並增加新官位和官僚人數，被稱爲是「積極的」政策，而任何防止浪費公共基金的嘗試，則遭到貶斥，視爲「消極主義」。

如果大部分選民領政府的薪水或津貼，代議制民主是不可能長存的。如果國會議員不再認爲他們自己是納稅人所委託的人，而是那些從國庫領取薪水、工資、補貼、救濟和其他利益者的代理人，那麼，民主政治就完了。

這就是當今憲政議題中固有的一個矛盾點，它使許多人對民主政治的未來感到絕望。由於他們相信，往更多政府對企業的干預、更多政府機構和雇員、更多政府救濟和補貼等等方向發展的趨勢，是不可避免的，所以他們忍不住要對民主政府失去信心。

四、心靈的官僚化

如果政府全能和極權主義的提倡者，沒成功將他們的信條灌輸給青少年，並且成功阻止青少年熟悉經濟學的教誨，政府全能和極權主義的現代潮流自始便發展不起來。

經濟學是一門理論性科學，因此它本身並沒教導人應該選擇哪些價值，或追求什麼目的。經濟學並沒確立任何終極目的；確立終極目的，不是思想家的任務，而是行為人的任務。科學是思想的成果，而行為則是意志的產物。我們可以就這個意思說，對於人們努力追求的最終目的，作為一門科學的經濟學保持超然中立的立場，亦即，不做任何可否判斷、完全沒有什麼話要說。

但，對於人們為了達到既定的社會目的，該使用什麼手段的問題，經濟學卻有很重要的話可說。在這問題上，經濟學是唯一可靠的行為指南。如果人們在追求任何社會目的時渴望成功，就必須按照經濟學的思想成果調整他們的作為。

過去一百餘年來，思想史最突出的事實是反對經濟學的鬥爭。提倡政府全能的一方，不像經濟學家那樣理性討論政府全能所涉及的問題，反而對經濟學家進行人格汙辱。他們懷疑經濟學家的動機，他們揶揄和詛咒經濟學家。

然而，討論這個非理性現象並非本書的任務；這裡的任務限制我們，只敘述官僚體系在這個思想鬥爭過程中所扮演的角色。

在大多數歐洲大陸國家，大學由政府擁有和運作。它們受教育部控制，就像警察局受警政部門首腦控制那樣。大學裡的教師，和巡警與海關官員一樣，都是公務員。

十九世紀的自由主義，嘗試限制教育部干涉大學教授自由傳授他們所認爲正確眞理的權利。但，政府任命大學教授時，只任命值得信賴和可靠的人，亦即，政府只任命一些觀點和它一致、樂於貶斥經濟學，並傳授政府全能教條的人當大學教授。

就像所有其他領域的官僚化，十九世紀的德國，也在大學教育的官僚化方面遙遙領先其他國家。不會有什麼比生理學家柏伊斯雷蒙（Emil du Bois-Reymond），以柏林大學校長和普魯士科學院院長的雙重身分，於一八七〇年發表的一次演說中的一段話，更能顯現德國大學的精神特色。這段話說：「我們柏林大學，位於王宮正對面，根據我們的成立章程，是霍亨索倫王室的思想護衛。」普魯士人的心靈完全無法想像，這種王室護衛敢表露任何觀點違反政府——他們的雇主——的信條。於理論上主張有經濟法則這種東西存在，在普魯士人的心靈想來，簡直是對政府的一種反叛。如果有經濟法則，政府便不能被視爲全能，因爲政府的種種政策唯有適應經濟法則的運作才能獲得成功。於是，德國的社會科學教授時時刻刻不忘把經濟現象存在規律的說法，當作令人髮指的異端學說加以痛斥。他們強烈譴責經濟學的傳授，而以他們所謂政治科學的經濟面（*wirtschaftliche Staatswissenschaften*）取代經濟學。任何人要在大學裡教社會科學，唯一必要的品行，是貶斥市場體系運作和熱烈支持政府控制。在德帝時期，激進的馬克思主義者，由於公開主張革命動亂和暴力推翻政府，沒人被任命爲全職教授；後來的威瑪共和政府，實質上廢除了此一歧視。

經濟學研究整個社會合作體系的運作，研究體系內所有成分的互動，以及研究體系內各生產部門的相互依存關係。這整個合作體系不能拆解爲若干彼此分離的領域，可以分別由專注於某一領域而忽略其餘的專家研究。按歷史學家將人類歷史隔成若干區塊分別鑽研的方式，分別專門研究貨幣、或勞動、或對外貿易，簡直荒謬至極。處理瑞典史，幾乎用不著提到秘魯史。但，處理工資率，絕不可能不同時處理商品價格、利率和利潤。任何一個經濟成分一有變動，都會影響所有其他成分。如果只專注於研究整個體系的某一特別部分，那就絕不可能發現一定的政策或改變最終將導致什麼結果。

政府干預經濟事務時最不想看到的，恰恰是這個相互依存關係。政府自以爲擁有天賦神奇的力量，可以從某個聚寶盆拿出源源不絕的資源，賜予任何它想幫助的人。它既是無所不知，也是無所不能，只要輕輕揮舞一下手中的魔法棒，便能創造出無盡的幸福與豐饒。

事實是：除非取自某些人，否則政府便沒有任何東西可以送給任何人。任何補貼從來都不是政府自掏腰包送出的；政府所送出的任何補貼，都取自納稅人。通貨膨脹和信用擴張——當今政府爲支撐其豪爽大方的開銷，最喜歡採用的兩個方法——並不會增加任何資源供給。它們只在使其他人變得更爲貧窮的程度內，使某些人變得更爲富有。干預市場，譬如，干預市場供需所決定的商品價格、工資率、利率，也許能在短期內達成政府想要的目的。但，長期而言，這些干預措施一定會導致某個比它們意欲加以改變的先前事態——從政府的觀點看來——更不足取的事態。

政府沒有能力使每個人變得更爲富有。政府能以強制手段，限制國內農業生產來提高農夫的收入，但，較高的農產品價格由消費者支付，而非由政府支付。農夫享有較高生活水準的另一面，是國內其餘人民的生活水準下降。政府能保護小商家對抗大百貨公司和連鎖商店的競爭，但，這同樣是由消費者買單。國家能藉由所謂偏袒勞工的立法，或縱容工會的脅迫壓力與強制手段，改善一部分賺取工資者的處境，但，這種政策如果沒導致製造品價格相應上升，從而使眞實工資率回歸市場水準，便會導致相當大的一部分願意賺取工資者找不到工作。

從經濟學的觀點審查這一類政策，必然會揭露它們其實無效，這正是經濟學被官僚視爲禁忌的原因。另一方面，各國政府無不對某些專家鼓勵有加，這些專家分別把他們的論述限制在某個狹窄的領域，而對任何政策進一步在他們所專精的領域外所造成的後果則完全不關心。勞動經濟學家只處理偏袒勞工的政策所導致的直接後果，農業經濟學家只關心農產品價格是否上升。他們都只從那些直接受惠於相關措施的壓力團體的角度看待問題，完全不管那些措施終將導致的社會後果。他們不是眞正的經濟學家，而是爲政府在某一特殊行政領域的活動擦脂抹粉的解說者。

在政府不斷對企業活動擴大干預下，政府各種政策的統一體早已崩解成一堆互不搭調的零碎。能夠講政府整體有某一政策的日子已經不復存在。如今在大多數國家，政府各部門自行其是，相互掣肘。勞動部追求較高的工資率和較低的生活成本。但，同一政府的農業部追求較高的食物價格，而商務部則試圖以關稅手段提高國內商品價格。某個政府部門打擊壟斷，但其他部門卻渴望以關稅、專利和其他辦法，讓建立壟斷地位限制競爭所需的條件得以實現。每一個政府部門，都引用那些各自專注於其專門領域的專家所謂專業的意見。

於是，學生不再獲得經濟學啓蒙，他們學到一些支離破碎的事實，指涉一些相互掣肘的政府措施。他們的博士論文和他們在學士後的研究工作，所處理的不是經濟學的議題，而是各式各樣的經濟史題目，以及各式各樣政府干預企業活動的實例。這些詳盡並有大量文獻證據支持、關於最近過去情況（時常誤稱爲「當前」情況）的統計研究，對未來的歷史學者來說，有很大的價值。對律師和辦公室文書人員的工作任務來說，它們也一樣重要。但，它們無疑彌補不了經濟學教育的欠缺。叫人驚奇的是，施特雷澤曼（Gustav Stresemann）[8]的博士論文研究柏林罐裝啤酒業的情況。在當時德國大學的課程要求下，這意味他在大學讀書時，把相當大的一部分時間，用於研究啤酒的市場行銷和一般人的飲酒習慣。這就是備受讚美的德國大學體制，給一個後來在德國歷史最爲關鍵的年代，擔任德國總理的人才，所配備的知識素養。

當那些在短暫的德國自由主義鼎盛時期獲得教席的老教授凋謝後，便不可能在德國的大學裡聽到任何關於經濟學的訊息。德國不再有任何經濟學家，而外國經濟學家的著作，在大學研究室的書架上也杳無蹤跡。歐洲的社會科學家並未仿效神學院教授的教學方法，後者因爲渴望駁倒一些他們視爲異端邪說的信條，所以也會使他們的學生知悉其他教會與教派的信念和教條，以及無神論的哲學。社會科學的學生只聽到他們老師說，經濟學是一門假科學，而且所謂經濟學家，正如馬克思所言，是阿諛奉承資產階級剝削者、爲該階級的不正當利益辯護的人，隨時會把人民出賣給大企業和金融資本。[4]因此，大學生被說服成爲忠誠的納粹型或馬克思型的極權主義擁護者後，畢業離開校門。

---

❸ 譯者注：曾於一九二三至一九二九年間擔任德國威瑪共和政府的總理（在任102天）和外交部長。

❹ 參閱Pohle, *Die gegenwärtige Krise der deutschen Volkswirtschaftslehre* (2d ed, Leipzig, 1921).

歐洲其他國家的情況也和德國類似。法國教育界最聞名的學校是巴黎高等師範學院；該學院的畢業生在法國的公共行政、政治和高等教育方面擔任最重要的職位。這所學校遭到馬克思主義者和其他提倡政府全面控制者的把持。在俄國，沙俄政府並未讓任何有「西方」經濟學自由思想嫌疑的人進入大學任教。但，相反的，沙俄政府卻任命許多「忠誠翼」的馬克思主義者，亦即，迴避革命狂熱分子的馬克思主義者，在大學裡任教。因此，歷代沙皇本身對馬克思主義後來在俄國的勝利也有所貢獻。

歐洲的極權主義，是官僚管理制在教育領域大大發展的一個結果，歐洲的大學爲獨裁政權鋪平道路。

如今，大學在俄、德兩國都是一黨專政制度（one-party system）的主要思想據點。不僅社會科學、歷史、哲學，而且所有其他學術部門、藝術部門和文學部門也都受到執政黨的嚴格控制，或按照納粹的說法，都必須向執政黨看齊（*gleichgeschaltet*）。甚至像衛柏夫婦（Sidney & Beatrice Webb）這般天真幼稚與沒有鑑別能力的蘇維埃崇拜者，當他們發現《馬克思—列寧主義自然科學期刊》（*the Journal for Marxist-Leninist Natural Sciences*）代表「黨的數學」和「純潔的馬克思—列寧主義外科學」時，以及發現《蘇維埃性病學和皮膚學先驅報》（*the Soviet Herald of Venereology and Dermatology*）力求從辯證唯物論的觀點考慮一切

它所討論的問題時，也大表震驚。❺

五、誰該是主人？

任何社會分工體系都需要有一個原則，來協調許多不同專家的活動，如果專家在至高無上的眾人意志中找不到指導方針，他的努力便漫無目的，只是徒增他人困擾，甚至壞事。不用說，生產的唯一目的是服務消費者。

在市場社會下，利潤動機是這個指導專家活動的原則。在政府控制下，這個指導原則是官僚化統制。絕不會有第三種可能的指導原則。對一個不是出於在市場上賺錢的動機而行動的人，某種法規必須告訴他該做什麼和怎麼做。

一個最常提出來反對自由與民主的資本主義體制的理由，說資本主義主要強調個人的權利，以致讓人忽略了自己的責任；人們堅持他們的權利而忘掉了他們的義務。然而，就社會觀點而言，公民的責任比公民的權利更爲重要。

---

❺ Sidney and Beatrice Webb, *Soviet Communism: A New Civilization?* (New York, 1936), II, 1000.

我們毋須花太多時間討論這個反民主的批評所涉及的政治與憲政問題。各個權利法案所編纂的那些人權條款所以被頒布爲法律，是爲了保護個人免受政府恣意武斷的傷害。如果沒有這些人權法律，所有人都將是專制統治者的奴隸。

在經濟領域，取得和擁有財產的權利，並不是一種特權，而是保障消費者欲望獲得最佳滿足的原則。任何渴望賺得、取得、保有財富的人，都必須服務消費者。利潤動機是使得消費大眾權力至高無上的手段，任何人供應消費者的需要愈是成功，他的收入便愈高。某個企業家若以最便宜的成本生產出品質優良的鞋子，那對每個人都有利；如果某條法律限制該企業家變得更爲富有的權利，大多數人將蒙受損失。這樣的法律將只會有利於該企業家的一些比較沒有效率的競爭對手，因此不會降低，而是會提高鞋子的價格。

利潤是某些自願承擔的責任圓滿完成時所獲得的獎賞，它是保障消費大眾權力至高無上的工具。普通人是產業巨頭和屬下所有助手天天工作所服務的顧客。

對此，有人曾提出異議。他們說，就大企業而言，實際情況並非如此。消費者除了光顧大企業，或放棄滿足某個重要的需求外，別無其他選擇。於是，消費者任憑企業家予取予求。大企業不再是聽命於消費者的供應商和承辦商，而是消費者的主人；大企業毋須改善它的服務和降低服務的價格。

且讓我們考慮一個例子：有一條鐵路連接兩個沒有其他鐵路線的城市。我們甚至可以忽略實際上還有其他交通工具和這條鐵路競爭：巴士、轎車、飛機，和內河客船。在這些假定下，凡是想旅行的人確實要被迫光顧這條鐵路。但，這並不會消除鐵路公司提供優良與便宜服務的興趣。並非所有考慮旅行的人都會被迫在任何條件下踏上旅途，那些基於遊樂和商務理由而出行的旅客人數，取決於鐵路服務的效率和費率。某些人無論如何都會踏上旅途，其他人則只在鐵路服務的品質與速度，以及費率夠便宜，使得行程相當誘人的情況下，才會踏上旅途。恰恰是這第二類人的光顧與否，決定鐵路公司是否生意平平（因此賺不了幾個錢）、或生意清淡（因此虧損嚴重）、或生意興旺（從而大發財）。如果在上面這樣極端的假設下，某一鐵路企業的生意好壞是這道理，則任何其他企業就更是這道理了。

所有專家，無論是商人或自由業人士，都充分知道他們倚賴消費者的指示。日常經驗教他們知道，在資本主義下，他們的主要任務是服務消費者。那些對根本的社會問題欠缺理解的專家，深深憎恨這種「奴役」關係，希望獲得解放。目光如豆的專家這種反叛的心理，是一股把社會推向普遍官僚化的強大力量。

建築師必須調整他的藍圖，以符合那些委託他蓋房子的客戶的願望；或者——在公寓建築的場合——符合那些想要擁有一棟迎合潛在承租人的品味，從而很容易租出去的公寓業主的願望。我們毋須探究，建築師是否有道理，認為他比愚蠢的外行人更清楚知道，有品味的好房子應該是什麼模樣。無論如何，當他被迫必須使美妙的設計降低格調以取悅客戶時，他可能憤怒得冒泡。他渴望某一理想的事態趕快實現，好讓他能夠按自己的藝術標準建造房子。他盼望政府成立某一住宅營建單位；他幻想自己恰好主持這單位。於是，他將按照他自己的想法建造住宅。

如果有人說這個建築師想當獨裁者，他肯定會很不高興。他可能反駁說：「我只想給人民提供更有品味的住宅，使他們更幸福；這些人民太無知，不知道什麼樣的住宅最能提升他們自己的福祉；專家在政府的支持下必須照顧他們；應該有一條法律禁止醜陋的建築。」但，且讓我們問：「該由誰決定哪種建築風格應視為好的、哪種應視為壞的呢？」我們的建築師會回答：「當然是我這一位專家。」他大膽無視這個事實：對於建築風格的好壞和藝術價值的高低，即便是在建築師當中，意見也相當紛歧。

這裡不想強調，在某個官僚獨裁體制下，甚至恰恰是在這種極權體制下，這個建築師將不能隨心所欲，蓋自己想蓋的房子。他將必須依從他的官僚上司的品味，而後者本身又必須依從最高獨裁者反覆無常的念頭。在納粹德國，建築師也是不得自由想怎麼蓋房子就怎麼蓋的，他們必須調適自己迎合失意的藝術家希特勒的種種構想。

比上面更爲重要的是這一點：在美學領域，就像在所有其他人文領域，並沒有絕對美麗或絕對不美麗的標準。如果某人強迫他的同胞順從他自己的價值標準，他並不會使得他們更爲快樂。唯有他們自己才能夠決定什麼使他們快樂，以及決定他們喜歡什麼。強迫某個渴望觀賞舞台劇《艾比的愛爾蘭玫瑰》（*Abie's Irish Rose*）的人改去觀賞《哈姆雷特》（*Hamlet*），並不會增加他的幸福。你可以嘲笑他品味差，但，在他自己是否滿足的問題上，他本人才是最高權威的決斷者。

獨裁的食物營養專家，想要按照他自己對完美營養法的認識來餵養他的同胞，他想要像飼養牛隻的農夫處理牛隻那樣處理人。他沒意識到，營養本身不是目的，而是用來達成其他目的的手段。農夫所以餵養他的牛隻，不是爲了讓牛隻幸福，而是因爲牛隻經過妥善餵養後有助於他達成某個目的。餵養牛隻有各式各樣的方案，他究竟採用哪一個方案，取決於他是否想要獲取盡可能多的牛奶、或盡可能多的牛肉、或其他某種東西。每一個獨裁者都計畫，像飼養牛隻的農夫對待他的牛隻那樣，培育、養成、餵食和訓練他的同胞。他的目的不是要使人民幸福，而是要使人民變成某種狀態後，可以使得他——獨裁者——快樂。他想要馴養他們，想要給予他們牛隻的身分。飼養牛隻的農夫也是一個仁慈的獨裁者。

問題是：誰該是主人呢？是否該讓每個人自由選擇他自己的道路，追求他認爲將使他快樂的東西？或者，是否該讓某個獨裁者把他的同胞當作馬前卒使喚，讓他們賣命使他自己——獨裁者本人——變得更爲快樂？

有些專家說，大多數人的行爲表現非常愚蠢，根本得不到他們所要追求的幸福。我們可以承認專家此說屬實，但，將一個人置於監護之下，絕不可能使他變得更爲幸福。各個政府機構裡的專家肯定都是好人，但，每當立法機關阻撓他們盡心竭力所擬定的一些周詳規劃時，他們實在不該覺得義憤塡膺。他們問，代議制政府又有何用？它只會阻撓我們立意良善的提議！但，眞正的問題是：該由誰治理國家？是選民？還是官僚？

每一個半吊子都能使用鞭子強迫他人服從，但，要服務大眾，非得頭腦與勤勉並用不可。只有極少數人成功生產出比他們的競爭對手更好且更便宜的鞋子。能力不夠的專家總是垂涎官僚體制的霸權，他心知肚明他在競爭體制裡不可能成功。全面官僚化是他擺脫競爭困境的手段，若能擁有某個官僚機構的權力，他將可利用警察力量執行他的裁定。

有些人狂熱主張計畫經濟與社會主義，如果追究這種狂熱的心理根底，往往可以發現，他們不過是對自己的能力不足與不如人有深切的體會。深知自己經受不起競爭的人，才鄙視「這個瘋狂的競爭制度」。不適合服務公民同胞的人，才想要統治他的公民同胞。

第六章　官僚化的心理後果

一、德國的青年運動

知識菁英對霍瑞修・愛爾傑（Horatio Alger）的哲學嗤之以鼻，然而，愛爾傑強調資本主義社會最根本的特點，這一點他做得比其他任何人都更爲成功。資本主義是一種制度，在這制度下，每個人都有機會取得財富；資本主義給每個人無限的機會。當然，並非每個人都得到好運氣的眷顧，極少數人變成富豪，但，每個人都知道，賣勁努力有好報，甚至唯有賣勁努力才有好報。所有人生道路都對機靈的年輕人敞開，朝氣蓬勃的年輕人樂觀向上，充滿自信和希望。當他年紀漸長，明白許多他的計畫已遭到挫敗，他也沒有絕望的理由。他的子女將接棒重新開始比賽，看不出有什麼理由，他們不會在他自己失敗的地方獲得成功。人生值得活，因爲它充滿希望。

就美國來說，上面所言字字眞實。在暮氣沉沉的歐洲，現在仍殘留許多舊體制（ancien régime）時期的限制。甚至在自由主義鼎盛時期，歐洲的貴族和官僚也還在爲保持他們的特權而奮鬥不懈。但，在美國，並沒有這些黑暗時代殘留的限制，就這個意義來說，美國是一個年輕的國家，也是一個自由的國家。這裡沒有政府制定的產業規範，也沒有行業公會（基爾特）傳統的規矩。愛迪生（Thomas Alva Edison）和福特（Henry Ford）毋須克服短視的政府和目光如豆的輿論所築起的任何障礙。

在這種情況下，年輕世代充滿著開拓精神。他們出生在一個進步的社會裡，而他們也意識到，他們的任務是要對人間事物的改善有所貢獻。他們將改變世界，將按照自己的想法塑造世界。他們沒有時間可以浪費，明天是他們的，必須為即將面臨的偉大事物做好準備。他們不會談論身為年輕人該是什麼、或該怎樣做，不會談論年輕人的權利；他們就像年輕人必須行為那樣採取行為。他們不會吹噓自己的「活力」；他們本就表現得很有活力，所以沒必要強調這個品質。他們不會以傲慢的言論挑戰年長世代，而是以實際行動擊敗年長世代。

但，如果官僚化浪潮不斷上升，那就完全是另外一回事。政府的工作職位沒有機會讓個人展現才能與天賦；嚴格的組織控管扼殺個人開創進取的精神。對於未來，年輕人不會有任何幻想；他知道等待他的是什麼。他將在無數政府單位裡的某一單位謀得一份工作，他將不過是一座龐大機器裡的一個小齒輪，或多或少和一般機械一樣單調反覆運作。官僚工作的日常例行程序，將削弱他的心智並束縛他的能力。他將享有安全，但，這種安全將有點像是囚犯在監獄的高牆內享有的那一種。他將永遠不得自由做決定，不得自由塑造自己的命運。他將永遠是一個由別人監護照料的人，將永遠不是一個眞正的人，一個能憑自己的實力生活走動的人。仰望自己將在裡面埋頭工作的巨大辦公樓，他油然顫慄。

第一次世界大戰前十餘年間的德國——這個在官僚化組織嚴密管控社會的道路上最爲先進的國家——出現了一個前所未見的現象：青年運動。邋遢騷亂的男孩和女孩成群結夥在全國各地遊蕩，到處喧囂胡鬧，逃避學校課業。他們以誇大高調的言詞宣揚某個黃金年代的絕對眞理。他們強調所有以前的世代簡直都是痴呆；以前世代的顢頇無能已經使這世界變成地獄。但，他們這一代年輕人不再願意忍受昏聵無能的老朽掌握大權的老人政治，此後，才華橫溢的年輕人將統治世界。他們將摧毀一切老舊與沒用的東西，他們將拒絕父母過去所珍惜的一切，他們將以全新和眞實的價值與意識形態，取代資本主義和資產階級文明陳舊過時且虛假的價值與意識形態，他們將建立一個由巨人和超人組成的新社會。

這些青少年誇大的冗詞贅句只是捉襟見肘的掩飾，根本遮蓋不了他們沒有任何想法、任何確切計畫的事實。他們沒有別的可說，除了這個：「我們年輕，所以我們是上天揀選的人；我們聰慧靈巧，因爲我們年輕；我們承載著未來；我們誓死反對腐朽的資產階級和庸俗的實利主義者。」而如果有人斗膽問他們的計畫是什麼，他們只知道回答：「我們的領導將解決所有問題。」

新世代的任務一向是激起改變，但，德國青年運動的特徵是：他們既沒有新的想法，也沒有任何計畫。他們之所以把他們的行動稱爲青年運動，恰恰是因爲他們欠缺任何方案可以用來標誌他們的行動。實際上，他們完全擁護父母輩的方案，他們並不反對社會往政府全能和官僚化方向推進的趨勢。他們革命的激進主義，不過是介於童年與成年之間那幾年的肆無忌憚；它是青春期拖延滯留的現象，沒有任何意識形態內涵。

青年運動的頭頭是一些心理不平衡的神經質，他們當中有許多人受到某種病態性衝動的影響，或者濫交，或者同性戀。他們當中沒有任何一人在任何活動領域表現優越，或對人文進步有任何貢獻。他們的名字早就被遺忘，留下的唯一人生足跡，是一些宣揚性倒錯的書籍和詩作。但，他們的追隨者絕大部分和他們大不相同，這些追隨者只有一個目的：盡可能在政府部門裡找到一份工作。那些沒在戰爭和革命中喪命的追隨者，現在是無數的德國統制經濟（*Zwangswirtschaft*）辦公室裡迂腐怯懦的官僚，是希特勒麾下忠誠聽話的奴隸。而將來在希特勒繼任者麾下，不管這繼任者是德國民族主義者，還是史達林的傀儡，他們肯定也會一樣忠誠地聽話、當奴隸。

這個青年運動從德國擴散到歐洲其他國家。義大利的法西斯主義把自己裝扮成一個青年運動，它的黨歌*Giovinezza*[1]是一首讚美青年人的歌。它那小丑般的領袖，年

---

[1] 譯者注：義大利語，青年的意思。

近六十仍然吹噓他年輕有活力，並且像煞一個賣弄風情的貴婦那樣焦慮不安地隱瞞他的年齡。但，普通法西斯黨人唯一在意的，是得到一份政府工作。在衣索比亞戰爭期間，本書作者曾請教義大利某一所著名大學的某些研究生，爲什麼他們對法國和英國充滿敵意。他們的回答著實令人詫異，他們說：「義大利沒給它的知識階層提供足夠多的機會。我們希望征服英國和法國的殖民地，以便在這些殖民地的政府裡，得到現在由英國和法國官僚所把持的工作職位。」

這個青年運動是在社會各領域普遍往官僚化統制方向發展的趨勢下，前景黯淡的年輕人心裡不安的一個造反表現。但，它是一個注定失敗的仿冒造反，因爲它不敢認眞地反抗日益嚴重的政府全面管控，和極權主義的威脅。那些騷亂喧嘩、自充暴徒的人其實軟弱無能，因爲他們沉迷於極權主義的魔咒。他們一味胡言亂語煽動叛亂，反覆吟唱激起憤怒的歌曲，但他們最想要的無非是政府職位。

如今，在那些往極權主義的道路上最爲先進的國家裡，這個青年運動已經死寂。在俄國，在德國，以及在義大利，孩童和青少年被牢牢地整合到無所不包、由政府控制的組織裡。孩童從最稚嫩的年齡開始，便是某些政治組織的成員。所有公民從搖籃到墳墓都受到一黨專制機器的掌控，都必須毫無疑問地服從命令，一切「私人的」集會或聚會都不允許。官方機構不容有任何競爭，官方的意識形態不容有任何異議。這就是官僚制烏托邦的眞實情況。

二、官僚制環境下新世代的命運

青年運動是年輕人對官僚化威脅的一個懦弱與失敗的反抗。它注定失敗，因爲它沒攻擊邪惡的根源——社會主義化的趨勢。它實際上不過是年輕人心裡不安的一個混亂的表達，沒有任何清晰的想法和確切的計畫。暴動的青少年如此沉迷於社會主義思想的魔咒，以致他們完全不知道他們想要什麼。

在官僚化趨勢下，首先遭殃的，顯而易見是年輕人。年輕人被剝奪了塑造他們自己命運的機會，沒有任何機會留給他們。他們實際上是「失落的世代」，因爲他們缺少每一個新世代最爲珍貴的權利——爲老舊的文明庫存添加某些新東西的權利。人類已經到達成熟階段，這句標語正是他們所以不得志的原因。沒有任何東西讓他們來改變和改進的年輕人，算什麼年輕人呢？難道年輕人唯一的前途，就是從官僚體系階梯的最低一階開始，永遠嚴格遵守年老的上級所制定的規則，慢慢地往上爬？從年輕人的觀點看來，官僚化意味使年輕人屈服，順從老年人的宰制，這等於回到某種種姓制度。

在所有民族和文明裡——在現代自由主義和它所衍生的資本主義興起之前的年代——社會（或者說，人與人之間和平的合作）曾經以身分為基礎，人民分成若干世襲的階級。有擁有特權的階級，譬如，國王和貴族；也有權利被剝削的階級，譬如，農奴和奴隸。某個人一旦出生在某一特定階級，一生都屬於該階級，並且將他的階級身分留傳給他的子女。出生在某個較低社會階級的人，永遠被剝奪晉升社會地位的權利，永遠沒資格晉升至任何保留給特權階級的社會地位。自由主義和資本主義廢除所有這種歧視，使人人在法律之下享有平等的權利，幾乎人人都可自由競爭社會裡的每一個位置。

對於自由主義的成就，馬克思主義有一個與前述不同的解釋。卡爾・馬克思的主要教條，是經濟階級的利益衝突不可調和說。資本主義據說分成若干經濟利益彼此對立的階級，它們之間的鬥爭是不可避免的。只有在將來沒有階級的社會主義社會裡，階級鬥爭才會消失。

關於這個階級鬥爭學說，最引人注意的事實是：它從來沒獲得明確的闡述。在《共產黨宣言》裡，用來例示階級鬥爭的事例，取自世襲階級之間的衝突。馬克思接著補充說，現代資產階級社會已經建立了某些新階級。但，他從來沒說他所謂的階級是什麼；他也從來沒說，當他在講階級和階級對立時，以及當他把階級比作世襲階級時，他究竟在想些什麼。所有他的著述都圍繞著這些從未明確定義的名詞。雖然在馬克思永不厭倦發表的無數書籍和文章裡，充斥複雜的定義與吹毛求疵的繁瑣論證，但他從未嘗試以毫不含糊的語言，解釋什麼是一個經濟階級的特徵標誌。當他在《共產黨宣言》發表後三十五年去世時，他留下他一生最主要的論著《資本論》第三卷未完成的手稿。而很有意思的是，這份手稿中斷之處，恰恰就在他即將解釋他整個學說中最根本的這個概念時。不管是馬克思本人，或是眾多馬克思主義文人當中的任何一個，都未能告訴我們，社會階級究竟是什麼，更不用說告訴我們，所謂社會階級是否眞能在社會結構中扮演階級鬥爭學說所指派的角色。

當然，就邏輯的觀點而言，按任何選定的特性將事物分類是可允許的。唯一的問題是，根據所選定的特性而做成的分類是否有助於進一步的研究？是否有助於釐清和擴大我們的知識？所以，眞正的問題不是馬克思的那些階級是否眞的存在，而是它們是否具有馬克思所認爲的重要意義。馬克思所以未能給他在所有他的著述中，以一種鬆散和不確定的方式使用的「社會階級」概念，提供一個精確的定義，乃是因爲一個清晰的定義，肯定會揭露該概念對於討論經濟和社會問題毫無用處與毫無價值，以及揭露他把該概念比作世襲的社會階級的荒謬性。

世襲階級的特徵在於它的僵固性；而社會階級的特徵，就馬克思把資本家、企業家、賺取工資者稱爲不同的階級所例示的相關概念而言，在於它們的流動性，這些階級各自的成分不斷改變。馬克思時代的企業家，他們的後裔如今是什麼社會地位？而我們當代的企業家，他們的先祖在馬克思時代又是什麼社會地位？通往現代資本主義社會各個不同地位的道路，對每個人都是敞開的。我們可以把美國聯邦參議員當作一個階級來講，因爲這樣分類並未牴觸任何邏輯原則。但，如果把美國聯邦參議員比作某一世襲的貴族階級，那就錯得離譜了，儘管現在某些參議員可能是前參議員的後代。

我們在前面曾強調，在市場上運作的那些無定名與無定形的力量，不斷地重新決定誰該是企業家，以及誰該是資本家。消費者可以說天天投票，重新決定社會經濟結構中那些顯赫的位置由誰來占據。

且說，在社會主義下，既沒有企業家，也沒有資本家。換言之，在這個意思上，馬克思所謂的「階級」將不再存在，因此他說社會主義是一個沒有「階級」的社會，邏輯上沒錯。但，這並沒有什麼實際意義，因爲即便在社會主義下，各人所擔任的社會功能一定會有（馬克思沒提起的）其他方面的差別，而如果我們把擔任不同社會功能的人分爲不同的階級，那無疑也和馬克思的「階級」分類一樣有道理。在社會主義下，將會有發布命令的人和必須無條件服從這些命令的人；將會有制定計畫的人和擔任這些計畫執行工作的人。

唯一要緊的是這個事實：在資本主義下，每個人都是他自己命運的創造者。一個渴望改善自己命運的男孩，必須倚靠他自己的實力和努力。消費者投票時並不判斷投票的對象是什麼人，他們評價的標的，是候選人的成就，而不是候選人是什麼人。工作做好和服務到位，是成功的唯一祕訣。

在社會主義下，剛好相反，菜鳥必須取悅已經占住位置的人，後者不喜歡太有效率的新手。（在資本主義下，老牌企業家也不喜歡太有效率的新手企業家；但，在消費者至高主權下，他們無力阻止新手企業的競爭。）在社會主義的官僚管理機制裡，晉升之道不是個人的工作成就，而是獲得上司的青睞。年輕人完全仰賴長者的寬容處置，新世代任憑老年人擺布。

否認這個事實，是沒用的。沒錯，在社會主義的社會裡，的確沒有馬克思筆下的那些階級。但，在史達林或希特勒所喜歡的人和他們所不喜歡的人之間，存在著不可調和的衝突。而對一個獨裁者來說，喜歡意見和他相同且讚美他所作所爲的人，而不喜歡意見和他相左且批評他所作所爲的人，只是再平常不過的人性。

義大利的法西斯黨人把一首讚美青年的詩做成他們的黨歌，是沒用的；奧地利的社會主義者教孩子吟唱「我們年輕，而這挺好」，也是沒用的。在官僚管理制下，作爲一個年輕人，一點也不好。在這種制度下，年輕人享有的唯一權利，是做一個溫順的、服從的、聽話的人。那些堅持他們自己的想法而桀驁不馴的創新者，在官僚體制裡，沒有容身的空間。

這不僅僅是年輕人的危機，更是進步與文明的危機。當年輕人被剝奪了按照他們自己的想法重新塑造社會的機會時，人類的前程便注定黯淡。

三、獨裁的守護與進步

由一組高尚睿智的賢人，或一群菁英貴族官僚掌權統治的家長制政府（paternal government），能聲稱它有一個鼎鼎大名的擁護者——柏拉圖。

柏拉圖的完美理想國將由沒有私心的哲學家來統治。這些哲學家是不可能賄賂的法官和公正無私的行政主管，他們嚴格遵守永恆不變的正義法則。而這正是柏拉圖學說的特徵標誌：對於社會與經濟情況的演變，以及對於人在目的與手段方面的想法改變，它完全不理不睬。它認爲，永恆不變的理想國模式能夠落實，而實際情況若和該理想模式有任何偏離，都只能意味腐敗和墮落。唯一眞正的問題，是將這個完美社會建立起來，然後確保它不會有任何變化，因爲變化必定等於惡化。社會的與經濟的制度，以及一切相關事物，都僵固不變。知識進步、生產技術進步、商業方法進步、社會組織進步，等等進步的概念，都不在柏拉圖的想像範圍內。後代那些模仿柏拉圖的榜樣，構建他們的人間天堂藍圖的幻想家，也和柏拉圖一樣，相信人間世事能永遠維持不變。

柏拉圖的菁英統治理想被天主教教會化爲事實。在十六世紀天主教改革運動期間的特倫托宗教會議（the Tridentine）通過的教會組織原則下，羅馬天主教教會是一個完美的官僚制體系，成功解決了每一個非民主統治組織最爲敏感的問題——如何挑選頂層的行政主管。通往教會最高職位的道路，實際上對每一個男孩敞開。地方上的神父都渴望爲他的教區裡，最聰明且立志接受神學教育的年輕人排除困難；這些年輕人進入教區的神學院接受訓練，一旦獲頒聖職，嗣後的前程便完全取決於他們的品格、熱忱，和才智。在高級教士當中，有許多貴族和豪門世家的子弟，但，他們並非憑藉祖先的庇蔭而獲得他們的職位。他們必須在幾乎完全平等的基礎上，和出身貧農、工人、農奴家庭的子弟一起競爭。天主教教會的領導人物，以及修道院院長和神學院教師，是一群傑出人士。甚至在最先進的文明國家裡，他們也足以和最出色的學者、哲學家、科學家、政治家分庭抗禮。

但凡著述現代社會主義烏托邦的文人，都會拿這個奇妙的事實當例子。現代社會主義的兩位先驅——法國的亨利・德・聖西蒙伯爵（Count Henri de Saint-Simon）和奧古斯特・孔德（Auguste Comte）——就明明白白這麼做。其他大多數社會主義文人，基本上和他倆並無不同，儘管基於一些心照不宣的理由，沒明白說出羅馬天主教會就是他們的範例。就完美的官僚等級制而言，除了天主教教會，不可能找到其他先例。

然而，社會主義文人拿羅馬教會當參考，其實顯示他們頭腦不清、思想錯誤。教宗和其他主教所治理的基督教信仰領域，不會有任何變化，該領域建立在一個永恆不變的教義基礎上。這教義永遠固定，不會有進步和演化，唯有對教會法與教條的服從。對於統治一個堅持某一套沒有爭議、不可改變的規則與規例的團體，羅馬教會所採取的種種選任辦法非常有效率，這些辦法完美地爲某一永恆的宗教信仰瑰寶選出合格的守護者。

但，人類社會和公民政府的情況，和教會所要處理的情況完全不同。人最珍貴的基本權利是不斷爭取改善，以及以改善後的方法，反抗自然界給他的生命與福祉設下的種種障礙。這個與生俱來的衝動，已經把原始穴居人種的後代轉變成現代稍微有點文明的人。但，人類尚未達到一個不可能再有任何進步的完美境界，導致我們現在文明狀態的那些力量依舊活躍。如果沒被某個僵固的社會組織制度束縛住，它們將繼續活躍，帶來進一步的改善。天主教教會選擇其未來領袖時所遵循的挑選原則，是對其教義與教條堅定不移的忠誠。它並不尋求創新者和改革者，因爲新觀念的先驅總是根本反對舊想法。這個挑選原則，正是未來的頂層行政主管，由現任年老並久經考驗的統治階層來任命的制度能夠保障的東西。任何官僚制體系所能做到的，不會有別的，只是防止創新與改革。但，恰恰是這個堅定的保守主義，使得官僚管理制完全不適合處理社會與經濟事務。

官僚化必定僵化，因爲官僚化意味遵循已確立的規則與規例。但，在社會生活方面，僵化等於石化與死亡。很有意思的是，當今的「改革者」最珍愛的口號是穩定與安全。如果原始人自始便採取穩定原則，他們肯定永遠得不到安全；他們肯定早已被猛獸和微生物消滅得無影無蹤。

德國馬克思主義者創造了這句箴言：如果社會主義違反人性，人性就必須改變。他們沒意識到，如果人性改變了，人就不再是人了。在一個全盤官僚制的社會體系裡，無論是官僚，或是官僚所統治的對象，都將不再是眞正的人。

四、挑選獨裁者

所有擁護透過高尚的獨裁統治來拯救人民的人，都輕率假定，關於誰應該是這個或這群高尚的統治者，不會有任何疑義，而且所有人民都將自願服從這個超凡的獨裁者或貴族的霸權統治。他們沒意識到，許多人和團體會冒出來主張自己是擔任獨裁職位的首選。如果不是由誰獲得最多人民的選票來決定不同的候選人中誰當獨裁者，則除了內戰，不會有其他挑選原則。除了透過人民選舉的民主挑選原則外，只能任由凶狠毒辣的冒險家奪取權力。

在基督之後的第二世紀，羅馬帝國按照某個極爲精緻周詳的原則，挑選領袖進行統治。當時，羅馬皇帝是最有能力和最廣受尊重的人。他不會把他的尊崇職位遺留給他的家庭成員，而是選擇一個他認爲最適合的人繼承他的職位。這個辦法連續給羅馬帝國選出四位偉大的皇帝：圖拉眞（Trajan）、哈德良（Hadrian）、安東尼・皮烏斯（Antonius Pius）、馬庫斯・奧雷留斯（Marcus Aurelius）。然後羅馬帝國進入禁衛軍時代，連續不斷的內戰、無政府狀態和迅速衰落。最壞人選的統治取代了最佳人選的統治。野心勃勃的將軍，在傭兵的支持下，奪取權力，進行統治，直到另一個冒險家打敗他。背叛、造反、謀殺變成挑選統治者的原則。歷史學家責怪馬庫斯・奧雷留斯這位最後的好皇帝。他們說，他有罪，因爲他拋棄了他的幾位前任的慣例，沒有選擇最適合的人繼任，反倒將他自己的一個不成才的兒子康茂德斯（Commodus）立爲皇帝。但，一個能因僅是一個人的過失便毀壞的制度，不是好制度，即使這個過失，比一個父親過於高估他的後代的品格和能力，更值得原諒也更可以理解。事實是，一旦出現幾個最高職位候選人，這樣一個選擇領袖的辦法必定導致永久的內戰。

所有現在的獨裁者，當初都是透過暴力取得權位。他們後來都必須保衛他們的至高權位，防止政治對手的覬覦。政治術語創造了一個特殊名詞指涉這種保衛行動：這些行動稱爲肅清（*purges*）。這些獨裁者的繼任者將透過相同的辦法上任，而且也將應用同樣殘酷無情的手段，維持他自己的權位。一個全盤的官僚制體系，其終極基礎是暴力。它據稱給予的安全，其實是永無休止的內戰混亂。

五、分析與批判意識的消失

社會主義者聲稱：資本主義是可恥的；資本主義牴觸人性尊嚴；資本主義削弱人的智能，玷汙人的德性。他們說，在資本主義下，每一個人都必須把他的同胞視爲競爭者。人與生俱來的本能慈悲與友愛，於是變成憎恨與毫不留情的巧取豪奪，但求自己個人成功，不顧他人死活。但，社會主義將恢復人性的光輝；和藹可親、博愛、與人爲善等等美德，將是未來的人性特徵。當務之急首先非消除競爭這個萬惡之首不可。

然而，競爭絕不可能消除，因爲總是會有一些職位，人們對其給予的評價高於另一些職位，人們爲了爭取那些評價比較高的職位，肯定會努力設法勝過他的對手。對於這種人人努力趕上別人的現象，不管我們把它稱爲對抗，或稱爲競爭，都無關緊要。反正總是必須以某個方式，決定是否該讓某人得到他所希望的職位。因此，眞正的問題是：什麼方式的競爭應該存在？

資本主義的競爭方式，是在市場上透過提供較好和較便宜的產品來勝過他人。官僚制的競爭方式，則是在掌權者的「宮廷」裡較量陰謀、看誰勝出。

從前在專制統治者的宮廷裡，有大量的阿諛奉承、逢迎拍馬、奴顏婢膝、諂媚巴結。但，那時總是至少還有些人敢於對暴君犯顏極諫、說出眞相。如今情況不同，政客和文人競相諂媚巴結最高權位者——「普通人」。他們唯恐削弱他們的民意支持度，不敢表達不受大眾歡迎的想法。即便是路易十四的朝臣，也從未像當今某些人對政治領袖及其支持群眾那樣，極盡逢迎拍馬之能事。我們當代人似乎已經喪失所有常識和自省能力。

在某一次共產黨黨員代表大會上，某位名叫Avdyenko的文人，以如此這般的言語對史達林致詞：「即便是過了好幾個世紀，未來代代的共產黨員仍將認爲，我們是自古以來，所有曾經在這地球上居住過的生靈中最爲幸福的，因爲我們曾見過天才領袖的史達林，聖人的史達林，微笑的、仁慈的、純樸至極的史達林。當我遇見史達林，即使隔著一段距離，我全身會跟著他的說服力、他的吸引力和他的偉大無邊而不由自主地顫動。我要大聲歌唱、高聲尖叫、放聲呼嘯，抒發我胸中難以自抑的快樂與興奮。」❷如今，一名官僚在對著決定他是否能升遷的上司致詞時，詩情畫意的成分也許會比較少，但肯定是一樣的卑躬屈膝。

當某位統計學家在奧匈帝國皇帝約瑟夫（Emperor Francis Joseph）登基六十週年的慶典上，稱頌該位皇帝的功勞，說國家在他統治六十年後，有好幾千英哩的鐵路，而他登基之初的鐵路長度則遠低於此的時候，大家（很可能包括皇帝本人）對這一則奉承只是一笑置之。但，當蘇維埃政府在巴黎和紐約的世界博覽會上，大張旗鼓地炫耀吹噓，說俄國在沙皇時代沒用過拖拉機，而二十五年後則已模仿出這個美國的新發明時，卻沒人覺得可笑，似乎大家都很認眞看待該項紀錄，認爲眞是蘇維埃政府的功勞。

從未有人相信，奧匈帝國的德瑞莎女皇（Marie Thérèse）和她的孫子約瑟夫的

---

❷ 這是W. H. Chamberlin, *Collectivism, a False Utopia* (New York, 1937), p.43所引述的一段文字。

家長式專制統治，實屬正當有理，因爲莫札特、海頓、貝多芬和舒伯特在他們統治下譜出不朽的音樂。但，如今卻有人拿俄國當代某位很可能沒過幾年就會被遺忘的作曲家，所譜寫的交響樂作爲證明，聲稱蘇維埃的極權統治制度優越。

眞正的問題是：官僚控制體制比較有效率？還是經濟自由體制比較有效率？這個問題只能由經濟學的論證來回答。光說法國政府的菸草獨占機構所製造的香菸品質，其實還沒差到促使法國人放棄吸菸，是沒用的，因爲該事實不是一個能用來贊成政府經營生產事業的理由。同理，癮君子對希臘政府的菸草獨占機構所製造的香菸趨之若鶩的事實，也一樣沒用。希臘的鄉間小農所種植的菸草味道純淨且濃郁芳香，是希臘的氣候和地質條件使然，並不是希臘官僚的功勞。

每一個德國人都理所當然地認爲，鑒於相關事物的本質，大學、鐵路、電報和電話由政府經營是絕對必要的。對俄羅斯人來說，普通人不用隨身攜帶一本由警政單位依規定製發與認證的護照也能過日子的想法，總是顯得矛盾到不可思議。在過去三十年所發展出來的情況下，歐洲大陸國家的公民，變成只是他們的身分文件的附屬物。在許多國家，沒有攜帶這些文件而外出散步，是一件很危險的事。在大多數歐洲國家，普通人已經好久不得自由在任何地方過夜，除非立即向當地的警察機關報告他在何處過夜，以及住址的任何異動。[3]

如此嚴密管控個人活動，有可能帶來一些好處。當然，對於打擊犯罪和起訴罪犯，它沒什麼用處。到處躲藏的殺人犯，肯定不怕違反要求報告住址異動的法律。❹官僚爲了辯護他們所施行的這個管控制度，有時候變得很誇張。他們反問民眾，如果不實施這樣的管控，那些可憐遭到遺棄的小孩，如何能夠再找回他們那不守道德原則的父母呢？他們絕不會說某個機靈的偵探也許能夠辦到。再說，存在一些流氓惡棍的事實，並不能視爲限制絕大多數正直民眾自由移動的充分理由。

追求利潤的企業由民眾的自願光顧來支持，如果顧客沒熱絡上門，企業便不可能生存。但，政府機關強制獲得它們的「顧客群」。某個政府機關門庭若市，並不表示該機關滿足民眾某種迫切的需要，而只表示它干預某些對每個人的生活都很重要的事務。

---

❸ 因此，關於過去一百年、甚至一百五十年間，每一個居民或訪客的旅居處，以及他的一切住址異動，歐洲許多城市的警察局檔案提供完整的資訊。對傳記作家來說，這的確是一個價值不可估量，並可充分利用的知識來源。

❹ 美國人也許會感到納悶，爲什麼在許多歐洲法庭的審訊中，陪審團會被要求回答兩個像這樣的問題：第一，被告是否犯了殺害被害人的罪？第二，被告是否犯了未依規定報告他住址異動的罪？

分析與批判意識的衰退，對保存我們的文明是一個嚴重威脅，它使得騙子容易愚弄一般民眾。值得一提的是，和受教育較少的人相比，受教育較多的階層反而更容易受騙。馬克思主義、納粹主義和法西斯主義最熱情的支持者是知識分子，而不是粗魯無禮的鄉下人，知識分子從未敏銳到足以識破他們自己的信條中明顯的矛盾。墨索里尼在同一次演說中讚美義大利人是最古老的歐洲文明的代表，也是各文明民族中最年輕的文明民族；但，這樣的矛盾說法一點也沒損害法西斯主義的聲望。當黑髮的希特勒、肥胖臃腫的戈林（Goering），和跛腳的戈培爾（Goebbels）被讚美為高大、苗條、金髮、英勇的雅里安優等民族光輝閃亮的代表時，沒有任何德國民族主義者覺得不妥。現在有好幾百萬非俄羅斯人堅信蘇維埃政體是民主政體，甚至比美國更為民主。這難道不叫人驚奇？

分析批判的意識如此欠缺，所以只消透過宣傳便能讓民眾相信，他們在一個全面嚴格組織控制的體制裡將是自由人，也就不足為奇。在民眾的想像中，所有生產手段為國家所有而政府則是唯一雇主的政治體制，是一個自由的國度。他們從未想過，在他們這個自由的烏托邦裡，全能政府有可能追求一些他們自己完全不贊同的目的。他們總是暗中假定，獨裁者將完全按照他們自己的意思去做事。

第七章　可有任何補救辦法？

一、以往的失敗經驗

我們必須承認這個事實：迄今所有試圖阻止進一步官僚化和社會主義化的努力，都沒有實際成效。在威爾遜總統領導美國加入歐洲戰場，要讓民主在這世界能夠安全生存以來，迄今的二十七年間，民主失去愈來愈多的陣地，極權專制在大多數歐洲國家取得勝利。甚至美國也採取了一些，它在幾十年前貶斥爲「普魯士（軍國主義）的」政策。人類顯然往極權主義移動。新人類世代渴望政府全面控制每一個生活領域。

知識淵博的法學家已經發表過不少傑出的專論，描述行政機關的恣意裁量不斷逐步取代法治的情形。❶他們講述的故事，關乎人民自治的根基遭到削弱，如何使得公民個人的一切權利消失，終於導致東方形式的超級獨裁專制。但，社會主義者根本不關心自由與私人的開創進取。

另一方面，詼諧諷刺的著作也沒比法學家嚴肅生硬的大部頭專論更爲成功。十九世紀一些最傑出的作家——巴爾札克（Balzac）、狄更斯（Dickens）、果戈里（Gogol）、莫泊桑（Maupassant）、考特林（Courteline）——曾經幾近蹂躪地嚴厲抨擊官僚主義。赫胥黎（Aldous Huxley）甚至夠勇敢，拿社會主義夢想的天堂作爲他那本輕蔑反諷的小說❷撻伐的目標。一般讀者看得津津有味，但，看完之後依然爭先恐後搶著申請到政府機關裡上班。

某些人喜歡取笑官僚制一些特別誇張過頭的面向，而官僚做的某些事情也著實叫人驚奇，例如，在世界上最強大且最富有的國家，政府成立了一個機構——美國農業部家政局（Bureau of Home Economics）——所負責的一個任務，是「爲剛要學習自己穿衣服的小小孩」設計褲子。但，對我們當代許多人來說，這事一點也不可笑。他們所追求的那個統治模式，要求生產襪子、內衣和所有其他有用的東西，都應該是政府當局的一項任務。

所有知識淵博的批評和詼諧逗趣的諷刺，迄今都沒收到實效，因爲它們沒擊中問題的要害。官僚化只是社會主義化的一個特殊面向，主要的問題是：資本主義或社會主義？選擇哪一個？

社會主義的支持者聲稱，資本主義是一個不公平的剝削制度，極其有害於廣大群

❶ 指出兩本這一類最出色的書籍也許就夠了：*The New Despotism* by Lord Chief Justice of England（New York, 1929），以及*Our Wonderland of Bureaucracy* by James M. Beck（美國聯邦前司法部副次長）（New York, 1932）。值得一提的是，後一本書發表於羅斯福總統新政推行之前。

❷ 譯者注：Aldous Huxley, *Brave New World*（1932）（中譯本名爲《美麗新世界》）。

眾的福祉，將導致絕大多數人生活艱辛、人格屈辱，和每下愈況的貧民化。另一方面，他們把他們的社會主義烏托邦，描繪成一個充滿牛奶與蜂蜜的應許之地，在那裡每個人都將是快樂與富有的人。他們對或錯呢？這就是眞正的問題。

二、經濟學對壘全面計畫與極權主義

這完全是一個經濟問題，除非充分仔細研討相關的經濟學，否則無法確定誰對誰錯。除非透過經濟學論證，否則無法揭露政府管制、社會主義、共產主義、計畫經濟、極權主義擁護者似是而非的口號和謬誤學說的眞相。不管喜不喜歡，事實都是：當今政治的主要議題純粹是經濟方面的問題，因此除非確實掌握經濟理論，否則無法正確理解。只有熟悉經濟學主要問題的人，才可能對這裡所涉及的問題提出獨立的意見。所有其餘的人只是道聽塗說、人云亦云，並且很容易爲精於煽動蠱惑的騙子和愚蠢的半吊子所騙。他們容易受騙上當，對保護民主和西方文明而言，是最爲嚴重的威脅。

任何人作爲民主社會的一個公民，首先必須教育自己，學好處理公民事務必備的知識；這是他的首要責任。公民的選舉權不是一種特權，而是一種責任、一種道德義務。有投票權的公民，實質上是擔任某種公共職位的人；他的公共職位是至高無上的公共職位，因此隱含至高的義務。一個公民，如果因爲完全被其他科學領域的工作或藝術家的使命占滿時間，而未能做好這個自我教育的工作，也許還能申辯他情有可原。這樣的人也許有理由自稱，他們有更爲重要的任務必須完成。但，所有其他有理解能力的人，如果疏忽教育他們自己，學好他們作爲擁有至高職位的選民圓滿履行職責所需的知識，他們就不僅是態度輕挑，而是惡意搗亂了。

自稱「進步的」政府管制政策擁護者，所採取的主要宣傳伎倆，是將目前一切不盡如人意的情況，完全怪罪到資本主義頭上，同時讚頌社會主義給人類準備好的種種喜慶和幸福。他們從未嘗試證明他們那些謬誤的教條，更不用說駁斥經濟學家針對他們的教條所提出的反對理由。他們只是一味謾罵他們的對手，並且質疑對手的動機。然而，不幸的是，一般公民卻無法看穿這些計謀。

例如，且讓我們談談大規模失業年復一年難以消退的現象。「進步分子」把這個現象解釋爲資本主義固有的一個弊端，天眞的一般民眾隨口吞下這個解釋。他們不明白在一個未受干擾的勞動市場裡，由於沒受到工會壓力或政府規定的最低工資率的干擾，失業只在短期內影響少數人。在自由的資本主義下，失業是一個相對不重要的短暫現象；永遠存在一個強大趨勢使失業消失。經濟資料的變化可能導致新的失業，但，在自由的勞動市場所確立的工資水準下，每一個渴望賺取工資的人終究會得到一份工作。大規模失業的現象，其實是號稱「偏袒勞工」的政府政策和工會壓力與強制所造成的結果。

這個解釋絕非只是那些被「進步分子」稱爲「反動分子」的經濟學家特有的解釋，馬克思本人完全相信，工會不可能成功爲所有工人提高工資率。馬克思教條主義者曾有好多年，堅定反對所有要求訂定最低工資率的努力，他們認爲這種措施違背大多數賺取工資者的利益。

只有陷入幻想才會相信，政府支出能爲那些因爲工會或政府的政策而失業的人創造就業機會。如果政府支出是由非通貨膨脹的方法，亦即，向民眾課稅或借錢，來提供所需資金，則政府支出所創造的工作機會，和另一方面取得所需資金的辦法所消滅的工作機會一樣多。如果政府支出是以通貨膨脹的辦法，亦即，政府增加發行鈔票或向商業銀行貸款，來提供所需資金，則只有在貨幣工資落後物價上漲的情況下，或者說，只有在實質工資下降的情況下，政府支出才會減少失業人數。只有一條途徑能使所有渴望賺取工資者的實質工資率增加：漸進累積新資本，以及新資本所帶來的生產技術進步。勞工的眞正利益和企業的利益其實相一致。

要達到對經濟問題有所掌握，必經的途徑不在於囫圇吞棗地吸收一些或多或少有點零散的事實與數據，而在於以理性審愼的思考，對各種情況進行仔細分析和檢查；最最需要的是把握常識和邏輯清晰。凡事追根究柢是主要的準則，絕不默認表面的解釋和解答，務必使用思考和分析批判的能力。

如果認爲這裡建議人們研習經濟學，是想要以另一種形式的宣傳，取代各個政府與政黨的那種宣傳，那將是一個嚴重的誤判。宣傳是官僚制和社會主義最壞的一種惡行；宣傳總是謊言、謬論和迷信的宣傳。眞理不需要任何宣傳；眞理自己抵得過、甚至勝過任何宣傳。眞理的特徵在於它正確陳述眞實，亦即，正確陳述某個不管有沒有人認出，都會存在並發揮作用的事態。認出眞理並說出眞理，嚴格地說，便是對任何虛假的一種譴責。眞理只因眞實不虛所以恆久留傳。

所以，且讓那些虛假的預言家繼續到處走動，絕不可試圖模仿他們的策略，絕不可像他們那樣試圖壓制和取締異議者的聲音。騙子必定害怕眞理，所以必定忍不住要壓制眞理的聲音。但，眞理的擁護者把他們的希望寄託在他們自己的正直上。眞實不怕騙子，它經得住騙子的競爭。宣傳家可能會繼續散布他們的謊話，向年輕人灌輸他們的教條，但，他們將可悲地失敗。

列寧和希特勒非常清楚，爲什麼他們要廢除思想、言論和新聞自由，以及爲什麼要關閉他們國家的邊境，不准從國外輸入任何思想。如果沒有集中營、思想審查、劊子手，他們的政治體制便無法繼續生存。格別烏（G.P.U.）和蓋世太保（Gestapo）是他們的主要統治工具。

在英國，社會主義化和官僚化的擁護者和布爾什維克黨及納粹黨一樣，充分清楚在言論和思想自由下，他們將永遠達不到他們的目的。拉斯基教授（Harold Laski）坦言，國會權力必須加以限制，以保障國家順利過渡到社會主義。[3]克里普斯爵士（Sir Stafford Cripps）——自命爲自由主義分子的英國人最鍾愛的首相候選人——曾建議某個叫做「計畫與授權法」的議案，這法案一旦獲得審議通過，國會以後便不能再議，更不用說廢除。根據這個應該是非常概括性，並將所有「細節」留給內閣訂定的法案，英國政府將被賦予不可撤銷的權力。它的規定和命令，國會將永遠不得加以審議，而且也不得訴諸法院請求停止執行或其他救濟。所有政府職位都應該由「堅定的黨員」，以及由「已知採取社會主義觀點的人」擔任。[4]英國「全體神職人員支持共同所有權理事會」（Council of Clergy and Ministers for Common Ownership）在一本由布拉福主教（Bishop of Bradford）作序介紹的文宣小冊裡，聲稱若要建立眞正與永久的社會主義，就必須「將所有根本的反對勢力予以肅清，亦即，透過撤銷選舉權，甚至必要時，透過逮捕入獄，使得反對勢力喪失政治活力。」[5]劍橋大學的羅賓遜教授（Professor Joan Robinson）——凱因斯學派僅次於凱因斯勛爵本人的領軍人物——當她追求社會主義的熱情上頭時，其不容異己的心態，和剛剛提到的小冊子相比，毫不遜色。在她看來，「自由是一個相當滑溜的概念。」「只有當國內外都沒有危險的敵人時，容許充分的言論自由才安全無虞。」羅賓遜教授不僅擔心獨立的教會、大學、學術社團和出版公司，也同樣擔心獨立的劇院和愛樂團體。她斷言，所有這些機構和組織，應該「只有在社會主義政權足夠牢固、經得起批評時」才允許存在。[6]而另一個著名的英國集體主義擁護者克羅索（J. G. Crowther），則不憚於讚

---

❸ Laski, *Democracy in Crisis* (London, 1933), p. 87. 另外，William E. Rappard對拉斯基教授的反民主思想有精湛的批駁，見*The Crisis of Democracy* (Chicago, 1938), pp.213-216。

❹ 參見James Truslow Adams一篇精彩的文章，"Planners See Where Planning Leads" in *Barron's National Business and Financial Weekly* of January 31, 1944, p.3。

❺ 同上。

❻ Joan Robinson, *Private Enterprise or Public Control*(Handbooks for Discussion Groups, published for the Association for Education in Citizenship by the English Universities Press Ltd.), pp.13-14. 奇怪的是，在這本小書的前言裡，出資的公民教育協會聲明「我們擁護民主」，並且指出該協會的目標是訓練公民「尊重他人平等的一切權利和自由。」

揚宗教裁判所可喜可賀的一面。❼眞可惜，史都亞特王室的歷代國王沒能活著看到他們的原則迎來勝利！

最聞名的一些社會主義擁護者就這樣暗地裡承認：他們的信條和計畫，經受不住經濟學的理性批評，所以在自由的國度裡注定完蛋。

幸好現在還有一些自由的國家留下來，所以眞理復甦還有一些希望。

三、普通公民對壘專業的官僚化宣傳家

經濟學普及化的目的，不是要使每個人都成爲經濟學家，而是要使公民具備在社會生活中，履行公民職務所需的知識。

資本主義和極權主義之間的衝突——西方文明的命運端視這衝突的結果而定——將不是由內戰和革命來決定勝負。它是一場思想戰爭，勝負由輿論決定。

無論在什麼地方，每當人們見面討論他們的自治市、州或國家的事務時，輿論便跟著演化與改變，不管他們當下討論的題目是多麼瑣碎。買者與賣者、雇主與雇員、債權人與債務人，在處理他們之間的事情時，講的每一句話和做的每一件事，都會影響輿論，更不用說無數的代議制團體、委員會與理事會、協會與聯誼會、報紙社論與

讀者投書、律師申辯與法官裁示等等，各種不同形式對各種議題的嚴肅辯論，影響輿論尤甚。

在所有這些議論場合，專門職業者相對於門外漢顯然占盡優勢，那些把所有精力只投注在某一件事的人，總是有比較大的勝算。雖然他們並非必然是眞正的行家❽，而且往往不見得比門外漢或業餘者聰明，但他們畢竟享有身爲專家的好處。他們的爭辯技巧，以及他們所受的訓練，比較優越。他們身心平靜、以逸待勞，和經過一整天的辛勞而身心俱疲的業餘者進行言詞交鋒。

且說，所有這些專門職業者，幾乎都是官僚主義和社會主義的擁護者。首先是大群大群的政府與各個政黨宣傳機構的雇員，接著是各種教育機構的教師；這些機構很古怪，居然把激進的官僚主義者、社會主義者或馬克思主義者自吹自擂的宗旨，當作

---

❼ J. G. Crowther, *Social Relations of Science* (Macmillan, 1941), pp.331, 333.

❽ 譯者注：米塞斯區分“expert”和“specialist”或“professional”。這裡將“expert”譯爲「行家」，意味內行人；將“specialist”譯爲「專家」，意味專門職業者（“professional”），或某一行業的行內人。並非所有行內人都是內行人或行家，好比並非所有試車手都是賽車手。按米塞斯的用語，“professional”必定是“specialist”。

科學的完美標記。還有「進步的」報紙與雜誌的主編和投稿人、工會領袖和組織者，最後是一些不務正業但野心勃勃，急於發表激進觀點以聳人聽聞的人。尋常的商人、律師或賺取工資者，根本不是這些人的爭論對手。

有時候，門外漢在證明他的論點時可能出色地成功。但，這沒用，因爲他的對手，有著所任職的機構或本身教授職位的充分尊嚴裹身，大聲反駁：「這位先生的論證謬誤早經著名的德國梅爾（Mayer）教授、穆勒（Müller）教授、施密特（Schmid）教授等人揭穿，只有白痴才可能繼續堅持這種老掉牙與過氣的想法。」這位門外漢立刻遭到那些深信專業人士不可能出錯的聽眾懷疑，他當場不知道如何回答。他從未聽過這些著名德國教授的名字，因此他不知道，這些教授的著作純粹謊話連篇、一派胡言，甚至和他所提出的問題毫不相干。後來他可能知道確實是這麼回事，但，那改變不了他已被當場打敗的事實。

或者，門外漢可能出色地證明專家所建議的某個計畫實際並不可行。這時，專家會頂嘴說：「這位先生消息太不靈通，竟然不知道這裡所提的計畫已在社會主義的瑞典和紅色維也納大獲成功。」於是，我們這位門外漢又被堵住了嘴。他怎麼可能知道，幾乎所有關於瑞典和維也納的英文書籍都是嚴重扭曲事實的文宣作品？他向來沒有機會從原始來源獲得正確的資訊。

當然，專家的滔滔雄辯每到高潮，總是會引證俄國這個所謂工人與小農的天堂。在過去將近三十年間，只有狂熱的共產主義者和同路人才允許進入俄國。他們的報導不加批判地美化蘇維埃政權，有些報導純粹是謊言，其餘則盡是幼稚輕信到顯得傻里傻氣。很令人欣慰的是，某些被允許進入俄國旅行的人，在那裡拋棄了他們原先支持蘇維埃的政治傾向，並於回國後發表坦率的旅俄見聞報告。但，專家說這些報告的作者是「法西斯主義者」，便輕易地將它們拋在一邊。

實在有必要使得業餘的民意領袖，在和專業的官僚化與社會主義化布道家對壘時，不至於落入下風。僅僅表示憤慨和懷舊頌揚昔日的好時光，絕對阻止不了官僚化趨勢。在我們當代某些人看來，從前那些日子並非那麼美好。昔日的美好在於，當時人們信任未受干擾的市場經濟固有的改善趨勢；當時昔日人們不相信政府像神。這就是昔日的榮耀。

普通公民厭惡嚴肅關切經濟問題的心態，所導致的最爲有害的結果，是他變得很樂意支持折衷妥協方案。他把資本主義和社會主義之間的衝突當成是兩個群體——勞動和資本——之間的爭執，源於雙方各自主張擁有所爭利益的全部。由於他本人不準備評定雙方各自所提論據的是非對錯，所以他認爲以某個不會傷和氣的安排——滿足各方的一部分主張——來結束爭執，不失爲一個公平的調解辦法。於是，政府干預企業經營成爲普受贊同的方案。許多人認爲，既不該有百分之百的資本主義，也不該有百分之百的社會主義，而是該有某一介於兩者之間的制度，某一中庸之道。他們聲稱，這第三種制度應該是由政府透過對企業活動的干預，來加以調節和精密控制的資本主義。但，政府干預不應該等於政府全盤控制所有經濟活動；政府干預應該限制在消除資本主義某些特別討厭的贅疣，但不至於完全壓制企業家的活動。據說，這樣將導致某種距離完整的資本主義和距離純粹的社會主義一樣遠的社會秩序；而這種社會秩序據說保留了兩種制度各自固有的優點，但避免了它們的缺點。如今，所有那些並非絕對贊同百分之百社會主義的人，幾乎都支持這個干預主義制度，而所有並非完全或公開傾向社會主義的政府，也都信奉經濟干預政策。現在很少有人反對政府以任何形式干預商品價格、工資率、利率、利潤，也很少有人敢於宣稱，他們認爲資本主義和自由企業是唯一行得通、有利於整個社會和所有社會成員的社會合作制度。

然而，擁護中庸之道的人推理完全錯誤。社會主義和資本主義之間的衝突，並非兩個群體互爭、各自要求擁有某一較大份額的社會（或合作）紅利。以這個方式看待兩種制度之間的衝突，等於全盤接受馬克思主義者和其他社會主義者的教條。反對社會主義的一方其實否定任何階級或群體在社會主義下，會比在徹底的資本主義下生活得更好。他們駁斥如下的論點：因爲工人在社會主義國將生活得比較好，所以資本主義國如果繼續存在，將使工人的利益受損。他們推薦資本主義，並非爲了成就企業家和資本家自私的利益，而是爲了讓所有社會成員得利。這個具有重大歷史意義的衝突，是關於社會的經濟組織該採取何種原則的衝突，它無法以處理兩個商人之間爭執某一金額的方式予以處理；它無法以折衷妥協的方式解決。

經濟干預主義是一個必然弄巧成拙的政策，它所實施的那些個別措施，達不到想要的結果。它們招致一種比它們想要予以改變的先前事態——從主張干預者的觀點來說——更不可取的事態。年復一年很大一部分願意賺取工資者失業、產業壟斷、經濟危機、各行各業的生產力增長普遍受限、經濟民族主義（自給自足主義）、戰爭，都是第三種制度的支持者所推薦的經濟干預政策不可避免的後果。社會主義者用來怪罪資本主義的那些禍害，恰恰都是這個不幸的、據稱「進步的」干預政策所招致的結果。有利於極端社會主義者宣傳的那些災難性事件，正是某一類人的想法造成的；這一類人說：「我不反對資本主義，不過……」這一類人簡直就是社會主義化和徹底官僚化運動的領跑人，他們的無知招致社會災難。

分工與專業化是文明的基本特徵，沒有分工與專業化，便不會有物質繁榮和知識進步。科學家、學者和研究工作者所以能形成一個整合的群體，和任何其他種類的專家一樣，是分工的一個結果。專注於經濟學領域的人是一個專家，就像所有其他領域的專家那樣。經濟科學未來的進一步發展，也將是專門致力於發展經濟科學的人的成就。

但，如果公民將經濟問題的研究，全部當作一個不許外行人踏足的專屬領域，交給專家負責，那將是一個致命的錯誤。由於當今政治的主要議題基本上是經濟問題，公民如果放棄自己研究經濟問題，就等於把公民的權力全部讓出，交給專家來把持。選民或國會議員，在碰到某個關於防止牛隻疾病或建造辦公大樓的法案所引起的問題時，大可把相關細節的討論交給專家負責。類似動物醫療和工程技術這種問題，不至於干擾到社會與政治生活的基本面。它們很重要，但並非根本重要。但，如果不僅廣大的群眾，甚至大部分他們所選出的代表，宣稱：「這些貨幣方面的問題只有專家能懂；我們沒有興趣研究它們；在這方面我們必須信任專家」，則他們實際上便是在聲明放棄自己當家作主的權力，而把權力交給專門職業者享用。他們有沒有正式地把他們的立法權委託出去，都無關緊要。反正專家凌駕他們，官僚於是沒了主人的節制，大可恣意胡鬧。

平凡的公民老抱怨官僚擅權；其實，他們這是搞錯了；是他們自己和他們的代理人先拋棄了他們的主權。他們對根本經濟問題的無知，使得專門職業的專家成爲實質上至高無上的決策者。所有立法方面的技術與法律細節，能交給而且也必須交給專家處理。但，傑出的公民、社區的知識領袖，對於社會、經濟和政治方面基本的政策原則，如果沒有能力獨立形成他們自己的意見，民主政治實際上便不可行。如果一般公民實際上受制於官僚機構裡的專門職業者的知識霸權，社會便分裂爲兩個階級：占據統治地位的專門職業者，好比古印度的種姓階級婆羅門，和容易上當的一般公民。這時便會出現獨裁專制，不管憲法和法律有什麼明文規定。

民主政治意味人民自決，如果人民漠不關心，以致不想透過他們自己的思考，針對根本的政治與經濟問題，達到某個獨立的判斷，他們怎麼能決定他們自己的事務？民主不是一種人們毋須費力便能享用的東西；正好相反，民主是一種必須殫精竭慮，天天保衛和重新攻取的寶藏。

結語

對官僚管理制，以及與該制對立的利潤管理制，兩者的技術性特徵進行分析，提供了一條線索，讓我們對社會分工下的這兩種做事方式有一個公正的評價。

公共行政，亦即，任何社會裡負責強制與脅迫的統治機構其事務處理的方式，必定是形式主義的和官僚主義的，任何改革都無法消除政府機構的官僚主義特徵。譴責政府機構事務處理緩慢與鬆懈，是無濟於事的。一般政府機構員工通常在工作勤勉、細心和苦幹上，不如私人企業的員工；然而，對此表示失望，也是枉然。（畢竟還是有許多公務員的服務熱情，幾近於無私的犧牲奉獻。）在欠缺不容置疑的成敗評估標準下，絕大多數人幾乎不可能找到，類似營利事業的金錢計算能輕易提供的，那種讓人竭盡所能努力工作的誘因。批評官僚迂腐，遵守僵硬的規則與規例，是沒用的。如果不想讓公共行政溜出高層主官的掌控，乃至退化爲下屬小吏至上的局面，這些僵硬的規則與規例非有不可。再者，在公共事務處理方面，要保證法律地位至上，以及要保護公民免受官僚專制恣意傷害，僵硬的規則與規例是唯一的手段。

旁觀者要指責官僚機構過於浪費，很容易。但，負責提供完美服務的高層行政主管，從另一個角度看待所謂的浪費問題。他不想冒太大的風險。他爲了以防萬一，凡事寧可選擇加倍穩妥、不致犯錯。

所有這些缺點，都是無法用金錢損益報告予以查核的服務提供過程所固有的弊端。其實，要不是我們能夠拿營利事業的操作模式和官僚管理制相比，我們絕不可能認出後者的這些特徵眞的是缺點。營利事業那種飽受辱罵、「卑鄙」追求利潤的操作模式，使得人們充滿效率意識，從而凡事熱中徹底合理化。但，對於官僚管理制諸多不如人意之處，我們其實無能爲力。我們必須忍受這樣的事實：任何人都無法把營利事業久經考驗、成效卓著的操作模式，應用到警務部門或稅捐稽徵處。

然而，一旦考慮到某些狂熱者，奮力要把整個社會生產與營銷體系，改造成一個龐大的官僚組織，前述關於官僚制與利潤制的技術性分析，便呈現出某個大不相同的含意。拿政府的郵政服務作爲社會的經濟組織模板，並使人人成爲一部巨大機器裡的一個一個小齒輪，是列寧的理想❶；正是這種列寧式理想，迫使我們不得不揭露官僚制的辦法，比私人企業的辦法低劣。我們這樣研討官僚制的目的，當然不是要貶損稅務員、海關官員和巡邏警的工作，或藐視他們的工作成就。但，說明鋼鐵廠和大使館，以及製鞋工廠和結婚登記處，在哪些基本方面如何不同，以及說明拿郵局當模板去改造麵包店爲什麼有害，無疑都是應該的。

---

❶ Lenin, *State and Revolution* (1917, New York ed., 1935), p.44.

有心人士使用非常帶有偏見的術語喊出的口號，以服務原則取代利潤原則，如果落實，必將導致唯一可在必需品生產過程中，使損益計算和理性決策成爲可能的辦法遭到毀棄。企業家所賺得的利潤，其實顯示他給消費者——亦即，所有人——提供了很好的服務。然而，對於官僚機構的服務表現，卻沒有任何辦法可以利用計算程序，來確定其成功或失敗。

在任何社會主義的體制裡，唯獨中央生產管理局有權發布命令，而其他每個人都必須執行所收到的命令。所有人，除了中央生產管理局的沙皇，都必須無條件遵守某一上級單位所草擬的指令、法規、規則、規例。當然，對於這個龐大的官僚組織與嚴密控制體系，每一位公民可能都有權利提出一些改進建議。但，從提出這樣的建議，直到獲得稱職的最高權威採納，其中的歷程，再怎麼順利，頂多也只是和我們今天給報紙編輯寫信，或在期刊上發表文章，建議修改某一條法律，直到獲得立法機關通過，其歷程一樣遙遠和艱辛。

在人類歷史上，曾有許多充滿狂熱激情、要求社會制度改革的運動。人們爲他們的宗教信念、爲保存他們的文明、爲自由、爲人民自決、爲廢除農奴制與奴隸制、爲司法程序的公平與正義，等等人類大義而戰。如今，讓無數人爲之著迷的改革運動，要把整個世界改造爲一個官僚機構，要使每個人成爲官僚，要消滅任何私人開創進取的動機。這個未來的人間天堂，被想像爲一個無所不包的官僚組織。這個人類歷史迄今所知，勢力最爲強大的改革運動，這個人類歷史首見，並非僅局限於某一部分人類，而是獲得所有種族、國家、宗教和文明的人們支持的意識形態運動，目的在於全面的官僚化。今之郵局是建造未來新世界要依據的模型；今之郵局職員是未來人類的樣板。爲了實現這樣的理想天堂，人間已血流成河。

在這本書裡，我們討論的不是人的身分，而是社會組織的方式。我們不是說郵局職員不如其他任何人，唯一必須弄明白的是，官僚組織的束縛，使個人開創進取的動機癱瘓，而在資本主義市場裡，創新者仍有成功的機會；前者導致停滯和積習已久的方法獲得保存，而後者則導致進步與改善。資本主義是不斷前進的，而社會主義則不是。指出布爾什維克黨人曾經抄襲美國各式各樣的創新，並不能證明前述論點錯誤。指出所有東方民族都曾經抄襲美國各式各樣的創新，也一樣。但，如果根據前述這個關於抄襲的事實而推論，說所有文明國家都必須抄襲俄國的社會組織方式，那就是完全不符合邏輯的推論了。

社會主義的擁護者稱自己爲進步主義者，但他們推薦一個以僵硬遵守常規和抗拒任何改善爲其特徵的制度。他們稱自己爲自由主義者，但他們專注於廢除自由。他們稱自己爲民主主義者，但他們渴望獨裁統治。他們稱自己爲革命者，但他們希望讓政府無所不能。他們允諾伊甸園般的幸福，但計畫把世界徹底轉變爲一個無比巨大的郵局，每一個人，除了某個人，都是某一官僚機構裡的下級職員。這是多麼迷人的烏托邦！多麼該生死以赴，奮鬥追求的崇高志業！

要對抗這一切躁動瘋狂，只有一種武器可用：理智。任何不想被虛假的幻想和空洞的口號欺騙的人，眞正需要的只是常識。

路德維希·馮·米塞斯（Ludwig von Mises）年表

年代	生平記事
一八八一	九月二十九日出生於奧匈帝國加利西亞蘭堡（現烏克蘭利沃夫）。
一九〇〇	就讀維也納大學，在那裡受到了卡爾·門格爾的影響。
一九〇四—一九一四	受教於奧地利經濟學派學者歐根·博姆·巴維克。結識了著名社會學家馬克思·韋伯。
一九〇六	取得維也納大學法律和經濟學博士學位。
一九〇九—一九三四	擔任維也納商會的秘書，實質為奧地利政府的首席經濟顧問。
一九一二	《貨幣與信用原理》（*The Theory of Money and Credit*）出版。
一九一三—一九三四	於維也納大學以私人講師（Privatdozent）身分授課，主持一個經濟理論研究班。
一九一九	*Nation, State, and Economy* 出版。
一九二二	《社會主義：經濟與社會學的分析》（*Socialism: An Economic and Sociological Analysis*）出版。

年代	生平記事
一九二七	《自由與繁榮的國度》（*Liberalismus:In the Classical Tradition*）出版（一九六二年譯成英文版，以新標題 *The Free and Prosperous Commonwealth* 發表）。
一九二九	*A Critique of Interventionism* 出版。
一九三三	《經濟學的認識論問題》（*Epistemological Problems of Economics*）出版。
一九三四－一九四〇	為了躲避納粹對奧地利的威脅，前往瑞士的日內瓦高級國際關係學院擔任國際研究學院的教授。
一九四〇	移居紐約。*Memoirs* 出版。
一九四一	*Interventionism: An Economic Analysis* 出版。
一九四四	《官僚制》（*Bureaucracy*）與《全能政府：全權國家與全面戰爭的興起》（*Omnipotent Government: The Rise of the Total State and Total War*）出版。

年代	生平記事
一九四五—一九六九	擔任紐約大學的客座教授直到退休為止，不過他始終沒有從大學領取薪資。在此期間，米塞斯參與由奧地利流亡者，時任紐約大學教員的理察·尼古拉斯·馮·康登霍維—凱勒奇領導的國際泛歐聯盟，並著手解決當中的貨幣問題。
一九四七	米塞斯與和其他支持古典自由主義的學者一起創辦了朝聖山學社（Mont Pelerin Society）。 *Planned Chaos* 與 *Observations on the Cooperative Movement* 出版。
一九四九	《人的行為：經濟學專論》（*Human Action: A Treatise On Economics*）出版。
一九五二	*Planning for Freedom, and Other Essays and Addresses* 出版。
一九五六	《反資本主義者的心境》（*The Anti-Capitalistic Mentality*）出版。
一九五七	《理論與歷史：對社會和經濟演變的一個解讀》（*Theory and History: An Interpretation of Social and Economic Evolution*）出版。

年代	生平記事
一九六二	《經濟學的終極基礎：經濟學方法論》（*The Ultimate Foundations of Economic Science: An Essay on Method*）出版。
一九六九	《奧地利經濟學派的歷史背景》（*The Historical Setting of the Austrian School of Economics*）出版。
一九七三	十月十日逝世於美國紐約州紐約市（九十二歲）。
一九七八	《米塞斯回憶錄》（*Notes and Recollections*）出版。 *On the Manipulation of Money and Credit* 出版。 *The Clash of Group Interests and Other Essays* 出版。
一九七九	*Economics Policy: Thoughts for Today and Tomorrow* 出版。
一九八二	米塞斯研究所成立，位於美國阿拉巴馬州歐本市，研究的領域包括經濟學、哲學和政治經濟學。除了紀念奧地利經濟學派的經濟學家路德維希．馮．米塞斯，更發揚奧地利學派的經濟和政治理念。除了數千篇關於經濟和歷史問題的熱門文章之外，研究所還發行了許多書籍和數百篇學術論文。

年代	生平記事
一九八六	米塞斯學院成立。每年舉辦夏季教學活動，教學計畫包括學者的演講和授課，通常有一〇〇至一二五名來自世界各地的學生。
一九九〇	《貨幣、方法與市場過程》（*Money, Method and the Market Process*）出版。
一九九〇	*Economic Freedom and Interventionism: An Anthology of Articles and Essays* 出版。
一九九五	Mises.org 上線，提供每日社論、學習指南、書目、傳記、電子書研究工具、工作論文、訪問錄以及在線出版物目錄。為世界上訪問量最大的經濟學網站之一。

經典名著文庫 147

官僚制（Bureaucracy）

作　　者 —— 路德維希・馮・米塞斯（Ludwig von Mises）
譯　　者 —— 謝宗林
責任編輯 —— 唐　筠
文字校對 —— 劉天祥、許馨尹、黃志誠
封面設計 —— 姚孝慈
著者繪像 —— 莊河源
發 行 人 —— 楊榮川
總 經 理 —— 楊士清
文庫策劃 —— 楊榮川
總 編 輯 —— 楊秀麗
副總編輯 —— 張毓芬
出 版 者 —— 五南圖書出版股份有限公司
地　　址 —— 台北市大安區 106 和平東路二段 339 號 4 樓
電　　話 —— 02-27055066（代表號）
傳　　眞 —— 02-27066100
劃撥帳號 —— 01068953
戶　　名 —— 五南圖書出版股份有限公司
網　　址 —— https://www.wunan.com.tw
電子郵件 —— wunan@wunan.com.tw
法律顧問 —— 林勝安律師事務所　林勝安律師
出版日期 —— 2021 年 9 月初版一刷
定　　價 —— 360 元

國家圖書館出版品預行編目資料

官僚制 / 路德維希・馮・米塞斯 (Ludwig von Mises) 著；謝宗林譯 . -- 初版 -- 臺北市：五南圖書出版股份有限公司，2021.09
面；公分 . --（經典名著文庫；147）
譯自：Bureaucracy.
ISBN 978-986-522-913-9(平裝)

1. 科層制　2. 社會主義　3. 資本主義

572.915　　110010395